給食指導完ペキマニュアル

辻川 和彦 編著

明治図書

まえがき

毎日行われている教育活動

　小学校や中学校で，遠足や運動会などの特別な日以外は，毎日行われている教育活動があります。

　毎年，基本的に同じことの繰り返しなので，初めて取り組む1年生以外は特に指導しなくてもなんとなくできてしまいます。

　そのため，「できて当たり前」と捉えられがちで，ていねいな指導がなされていないこともあります。

　この教育活動は，何だと思いますか？

　それは，掃除と給食です。

　毎日，当たり前のように繰り返されている学校掃除や学校給食ですが，次のような問題点があります。

教師間で研修をすることがほとんどない

　教科指導と違って，校内研修で掃除や給食を取り上げて研修をしたり，お互いの指導の仕方を検討したりすることはありません。

　それは，教師であれば知っていて当然という前提があるのかもしれません。しかし，初任者はもちろん，ベテラン教師の中にも正しい掃除の仕方や食事のマナーなどを知らない教師もいるのです。

　だから，掃除や給食の指導があいまいだったり，うまくいかなくても「こんなものだ」と思ってだれに相談することもなく，そのまま続けていたりすることがあります。

　その教師にしてみれば，「教科指導でさえ大変なのに，掃除や給食のことまではとても手がまわらない!!」というところかもしれません。

　しかし，教師が知らなければ，子どもに教えることも，子どもの間違いを

正すこともできません。

子どもたちが同時に別々の動きをしている

　正しい掃除の仕方や食事のマナーを知っていても，それだけで子どもたちを動かすことはできません。

　掃除や給食が教科指導と違うのは，教室の内外で子どもたちが同時に別々の動きをしていることです。

　かぎられた時間の中で多人数の子どもたちがばらばらに動くわけですから，ちょっとしたことで様々なトラブルが発生します。

　時間内に，トラブルなく掃除を行い給食を終えるには，意図的なシステムが必要です。

教師の意識が低い!?

　初任者であっても食育やマナーのことをよく知らなくても，学級担任であれば給食の時間は毎日おとずれます。

　「給食の時間なんて，単に盛りつけて配膳して食べるだけ。その間に宿題やテストの丸つけをしなきゃ」という教師もいることでしょう。

　たしかに，給食の時間は他教科の時間ほど大事にされていないのかもしれません。忙しい担任はちょっとの時間でも宿題やテストの丸つけに活用したい気持ちもわかります。

　しかし，給食の時間には，正しい盛りつけや配膳の仕方，食べる際のマナー，給食中の事故や食物アレルギーの対策……等々，指導したり配慮したりすることがたくさんあります。

　特に，食物アレルギーについては，よく知らなかったり，いざという時の対応もわからなかったりという教師がまだまだ多いのが現状です。

本書の特徴

　今回，刊行する
　『給食指導　完ペキマニュアル』
は，給食指導の正しい知識や基本的なシステムを押さえ，当たり前すぎるくらい当たり前なことから解説をした書です。若い教師にもわかりやすく書かれています。

　給食の時間における担任の指導すべき内容や心がまえを１冊にまとめています。(専門的な内容については，紙幅の関係もあり，教師としてひと通り知っておいてほしいことに絞って掲載しています)

　今まで，給食指導をあまり意識していなかった教師にとっても，あらためて自分の指導を見直すことができます。

　担任が取り組むべき給食指導について，この１冊があればＯＫ！と言えるものです。

　また，給食は子どもたちにとって学校の活動の中でも「楽しみ」なことの１つです。指導すべきことはたくさんありますが，そればかりやかましく言っていては，「楽しさ」が失われてしまいます。

　「マニュアル」と銘打っていますが，本書は，数々の多彩なアイデアも掲載しています。

　給食指導に困っている教師や，楽しく取り組ませたい教師にとって，すぐに試したくなる事例をたくさん取り上げています。

　本書が，楽しい給食指導の一助となれば幸いです。

辻川　和彦

Contents

まえがき

第1章 給食指導のシステムづくり

- 給食当番のシステムづくり ……………………………………… 10
- 給食の配膳・後片づけシステム ………………………………… 14
- 給食当番の衛生チェックシステム ……………………………… 18
- 給食目標の活用システム ………………………………………… 22
- 給食指導とは何か ………………………………………………… 26
- コラム　杓子(しゃくし) ………………………………………… 30

第2章 正しい給食指導のポイント

1 配膳指導のポイント

- 机の配置の指導 …………………………………………………… 32
- 着替え指導 ………………………………………………………… 34
- 手洗い指導 ………………………………………………………… 36
- 台拭き指導 ………………………………………………………… 38
- ごはんのよそい方指導 …………………………………………… 40
- おたまの使い方指導 ……………………………………………… 42
- 食器の並べ方指導 ………………………………………………… 44

2 食事中の指導のポイント

- 「いただきます」指導 …………………………………………… 46
- お椀の持ち方指導 ………………………………………………… 48
- おかわり指導 ……………………………………………………… 50
- 果物の食べ方指導 ………………………………………………… 52

食事の時間配分の指導 ･････････････････････････････････････ 54
噛む指導 ･･ 56
食べ方のマナー指導 ･････････････････････････････････････ 58

3　後片づけの指導のポイント

「ごちそうさま」指導 ･･･････････････････････････････････ 60
食器の片づけ方指導 ･････････････････････････････････････ 62
食べこぼしへの指導 ･････････････････････････････････････ 64
食べ残しへの指導 ･･･････････････････････････････････････ 66
ごみの処理の指導 ･･･････････････････････････････････････ 68
嘔吐物の処理 ･･･ 70
歯みがき指導 ･･･ 72
コラム　アレルギーと宗教に配慮した給食 ･････････････････ 74

第3章　学年別　給食指導のポイント

1・2年生の給食指導のポイント ･･････････････････････････ 76
3・4年生の給食指導のポイント ･･････････････････････････ 80
5・6年生の給食指導のポイント ･･････････････････････････ 84
交流給食・ふれあい給食のポイント（給食週間） ･･･････････ 88
交流給食・ふれあい給食のポイント（異学年同士） ･････････ 92
コラム　全国学校給食週間 ･･･････････････････････････････ 96

第4章　給食指導をさらに円滑にするアイデア

1　給食の時間を楽しくするアイデア

特別感や楽しさが増す演出をするアイデア ･････････････････ 98

おもしろクイズなどを行うアイデア ･････････････････････････ 100
何気ないところにひと手間かけるアイデア ････････････････ 102
誕生日をお祝いするアイデア ･･･････････････････････････････ 104

2　子どもの食事マナーがよくなるアイデア
早食いをしなくなるアイデア ･･･････････････････････････････ 106
箸の持ち方を教えるアイデア ･･･････････････････････････････ 108
食べる時の音に関する指導のアイデア ･････････････････････ 110
肘をつかないことを指導するアイデア ･････････････････････ 112

3　偏食・残滓を減らすアイデア
食べきれる量を自己決定させるアイデア ･･･････････････････ 114
給食に関わる人・食べる量の見える化をするアイデア ････ 116
言葉・歴史の指導などを行うアイデア ･････････････････････ 118
主体的に食べる量の調節をさせるアイデア ････････････････ 120

4　家庭と連携した偏食・マナー改善のアイデア
給食だよりや学級通信を活用するアイデア ････････････････ 122
給食をきっかけにマナーを親子で見つめ直すアイデア ････ 124
授業参観などを生かすアイデア ････････････････････････････ 126
手づくりする機会をつくるアイデア ･･･････････････････････ 128
コラム　給食ハラスメント―「完食」の強要はパワハラ!?― ･･････ 130

第5章　教師が身につけておくべき対応術

1　給食中の事件・事故を未然に防ぐ
給食中の危機管理 ･･ 132
窒息事故の防止 ･･･ 134
異物混入への対応 ･･ 136
給食中の子どもの動きの把握 ･･････････････････････････････ 138

| 2 　命に関わる食物アレルギー⑴食物アレルギーとその対応 |

食物アレルギーの種類 …………………………………………… 140
食物アレルギーの症状 …………………………………………… 142
基本的な食物アレルギー対応 …………………………………… 144
緊急時の食物アレルギー対応 …………………………………… 146

| 3 　命に関わる食物アレルギー⑵事故を未然に防ぐ心がまえ |

学校給食による食物アレルギー事故 …………………………… 148
事故につながるヒューマン・エラー …………………………… 150
担任が教室で行う食物アレルギーの対応 ……………………… 152
要注意！　事故が起こりやすい「こんな時」の対応 ………… 154

あとがき

第 **1** 章
給食指導のシステムづくり

給食当番のシステムづくり

前年度のシステムの確認

　小学校2年生以上であれば，給食当番は前年度のシステムがあるはずです。
　まず，子どもたちや前年度の担任に給食に関するシステムを確認します。それがしっかりしたものであれば，特に変える必要がない場合もあります。単学級であれば「去年やっていた通りにやってごらん」と言えば，とりあえず初日から動くことができるでしょう。
　しかし，クラス替えをして複数の学級の子どもが入り交じっている場合は，念入りにシステムの確認をします。給食を食べるという行為は同じでも，給食当番のシステムは学級（担任）によって，時には微妙に，時には大きく違っていることがあります。そのまま始めると子どもたちが混乱してしまいます。
　例えば，
・自分の分を自分で盛りつけるセルフ方式か，盛りつけられたものを当番が運ぶ配膳方式か
・牛乳係は牛乳を運ぶだけなのか，牛乳やストローを配膳係に手渡すこともするのか
・おかずを減らしたい場合は，配膳中に持ってくるのか，「いただきます」のあとか
などの細かい部分です。
　もし前年度のシステムを変更するのであれば，どのように変えるのか説明し，年度はじめにしっかり徹底させなければなりません。

給食当番のシステムづくり

①必要な役割と人数を確認する

　給食の役割分担は，地域で若干の違いはあるかもしれませんが，おおよそ，次のようになっているのではないでしょうか。

1	牛乳	2	ごはん・パン
3	主菜	4	副菜
5	食器（お椀・皿・箸類）	6	食器（ごはん茶碗）
7	おぼん	8	ジャム・デザート類
9	台拭き		

　ジャム・デザート類は他の係が一緒に運ぶことができるので8種類とすると，1種類につき2人で担当すると考えれば8種類×2人＝16人が必要となります。（パンの日はごはん茶碗がないので14人）

　高学年であれば1人で持てるものもあるので，学年が上がるにつれて給食当番の人数を減らしている場合もあります。（例えば低学年14人，中学年12人，高学年10人など）

　しかし，子どもによっては体が小さく持てなかったり，係の1人が欠席したりすることもあるので，高学年でも2人ずつ当番を設定する方がよいでしょう。

　欠席者が出た時の安全面を考慮してお助け係がいる場合もあります。

②当番の決め方

・名簿順

　名簿で機械的に割り振り，順番に交代していくやり方です。すべての子が，順番にすべての担当をすることになるので，公平でもあります。ほとんどの学級ではこのやり方でしょう。

・希望制
　希望する担当に立候補し，ジャンケンで決めるやり方です。
・教師の意図的な選定
　名簿順を基本としながらも，教師が意図的に決めるやり方です。身体的な不自由があったり，いじめなどで特定の子とペアにさせたくなかったりするなど，なんらかの事情がある場合です。

③**給食当番表**
　当番が決まったら，だれがどの当番をするのかがひと目でわかるように当番表を掲示します。当番表には，円盤型の画用紙をくるくるまわすタイプや子どもの名札を入れ替えていくタイプなど様々あります。アナログなものばかりでなく，パソコンで子どもの名前を毎週打ち替え，印刷して掲示するタイプもあります。どのタイプでも自分がつくりやすいものでよいでしょうが，低学年には文字だけでなくイラストがあった方がわかりやすいです。

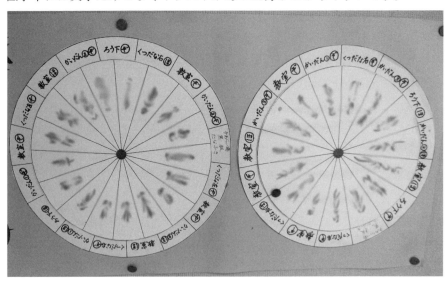

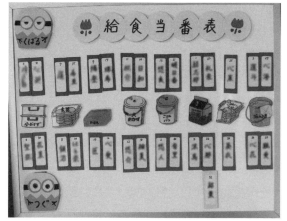
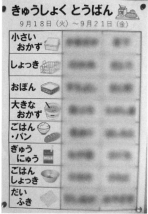

交代の期間

①ねらいに応じた交代期間の設定

　1か月や1学期間など，長期間同じ係をすると，その仕事が上達するというメリットがあります。

　しかし，子どもたち全員に多くの係の経験をさせたいという考えから，短期間（1週間）でローテーションする学級がほとんどです。どちらにしても，ねらいに応じて交代期間の設定をしましょう。

　なお，長期間同じ係をさせる場合には，事前に子どもたちや保護者に教師の考えを説明しておきましょう。

②交代初日にしっかり確認を

　当番が毎週交代するのであれば，月曜日の朝には当番を変更し，確認させておきます。それを忘れると，給食の時間になって「自分は何の当番？」と子どもが右往左往します。それから確認していると，給食の準備が遅くなってしまいます。教師自身も早めに確認させることを忘れることが結構多いので，カレンダーの月曜日の欄に印をつけたり，金曜日のうちに翌週の給食当番の確認をさせたりして，忘れない工夫をしておきましょう。

給食の配膳・後片づけ
システム

給食の準備

①食缶・食器かごなどの搬入

　給食当番は，着替え・手洗いが終わったら，給食室（または給食用のコンテナやワゴン）から食缶や食器かごなどを教室内の配膳台に運び入れます。

　食缶や食器かごは，あらかじめ置く場所を決めておきます。その際，一番端にはおぼんを置きます。最初におぼんを取って，それにごはんやおかずをのせていくようにします。

②ごはんの盛りつけ

　主食であるごはんをごはん茶碗に盛りつけます。ごはんのない日はパンになります。

③小さなおかずの盛りつけ

　皿に盛りつける主菜・副菜などを盛りつけます。

④大きなおかずの盛りつけ

　お椀に入れる汁物など（汁物でない場合もあり）を盛りつけます。

⑤おぼんにのせる

　ごはん・大きなおかず・小さなおかずに加えて牛乳・パン・デザートなどをおぼんにのせていきます。

配膳システム

　給食当番が盛りつけをしたら，配膳係が配膳台の前を通りながら，順番にごはんやおかずをそれぞれの机に配膳していきます。

①配膳する順番を決めておく

　ばらばらに配膳すると，自分や仲のよい友達に先に配ったり，体が接触して汁物がこぼれたりします。下に配膳の順番の一例を掲載しています。順番はこの通りではなくてもかまいませんが，一方通行になるようにします。

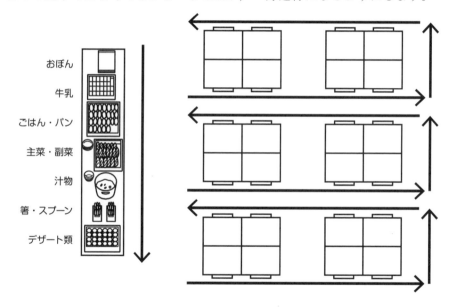

②最初に食物アレルギーのある子から配膳する

　「配膳の順番を一方通行に」と書きましたが，例外があります。食物アレルギーのある子です。そのような子どもがいる場合は，アレルゲンとなる食材を除いた給食を最初に配膳するようにします。

後片づけシステム

①後片づけの準備は食べる前から

　後片づけがしやすいように，配膳が終わった時に食器かごを配膳台の上に並べておきます。

②食器かごの中に，食器類を返す

　同じ種類ごとに重ねます。

　食べ残しや汁・スープの残りは，入っていた食缶へもどします。

　人数が多い場合は2か所に分けて置きますが，重さが均等になるように高さをそろえます。

③箸・スプーン・フォーク類を返す

　向きをそろえて入れます。

　かごからはみ出さないようにていねいに入れるようにします。

④パンやストローの袋などのビニールごみを捨てる

　パンなどの袋にまとめて入れて捨てます。教室のごみ箱に捨てるのは衛生面が心配なので，最近は給食室で回収してまとめて捨てるようにする傾向にあります。その学校や地域のやり方で捨てるようにします。

⑤牛乳パックは地域のやり方で片づける

　牛乳パックも，たたんで給食室へ返したり，リサイクルのために子どもたちが洗って干してから翌日返したりする場合があるので，その学校や地域のやり方で返します。

⑥食器の返却は1列で

　後片づけは，混雑しないように，一方通行で配膳とは逆の順番に通るようにします。

　食器の置き方やごみの処理などは，事前に指導しておきます。

```
おぼん
牛乳
ごはん・パン
主菜・副菜
汁物
箸・スプーン
デザート類
```

※配膳台に置く順序は一例です

⑦食缶・食器かごを，給食室へ返す

　片づけが終わったら，食缶や食器かごなどを給食室へ運びます。学校や学年によって，教室近くに置いてある給食用コンテナに置くこともあります。

　コンテナに置く時は，決められた場所にていねいに置きます。

　給食室へ運ぶ時は，一列に並んで運びます。階段を下りる時などは，食缶や食器かごが水平になるように持ちます。

給食当番の衛生チェックシステム

給食につきまとう食中毒の不安

①食中毒の種類

　給食当番は食べ物を扱うだけに，心配なのは食中毒です。
　食中毒の主な原因には細菌とウイルスによるものがあります。
　細菌が原因となる食中毒には，腸管出血性大腸菌（O157など），カンピロバクター，黄色ブドウ球菌などがあります。
　ウイルスが原因となる食中毒の代表格は，ノロウイルスです。厚生労働省によると，2017年の食中毒の患者総数16464人中，実に約半数（8496人）がノロウイルスによる食中毒でした。

②感染原因

　ノロウイルスを例にとると，感染原因は主に2つあります。
　1つは，食べ物を介した感染です。2017年には，学校給食で提供されたキザミのりを介して，ノロウイルスによる食中毒が発生しました。
　もう1つは，人から人への感染です。
　「人」とは，調理従事者や教師，そして学級の子どもたちなどです。
　食べ物を介した感染や調理従事者による感染がないよう，業者や調理場にそれぞれ対応マニュアルがありますが，発生した場合は教室では防ぎようがありません。
　教室でできるのは，教師や子どもたち自身による感染の予防です。特に，盛りつけや配膳をする給食当番を介して感染が拡大しないように，チェックをするシステムをつくります。

給食当番の衛生チェックの手順

　給食当番は，給食着への着替えが終わったら，給食室や給食用コンテナに食缶などをとりに行く前に次のような手順で担任によるチェックを行います。

〈担任による衛生チェック〉
教師が質問
→子どもの返事（問題なければ「はい」）
→教師がチェック表に記入

　このようにして，毎日の給食準備の中にシステムとして組み込みます。担任が出張などで不在の時も，かわりの職員がチェックを行います。

チェック項目

①手をきれいに洗ったか

　手洗いをして整列するので，全員が手洗いをしているはずです。しかし，チェックをしていないと洗わない子が出てきます。あやしい子の場合は，手をさわります。手洗いの直後なので，洗っていればまだ湿っています。ノロウイルスは，せっけんやアルコール消毒などで死滅させることはできません。しかし，せっけんでよく洗うことで流水で洗い流すことはできます。そのような効果もあることを教えて，しっかり洗うようにさせます。

②下痢をしていないか

　下痢をしている時点で，何らかの感染症に感染している可能性があります。感染していなくても，体調不良である以上，給食当番はさせられません。他の子と交代させます。低学年の場合，下痢とは何かよくわからないまま「大丈夫です」と答えていることがあります。「おなかが痛くなって何度もトイレに行きたくなる」「うんちが水っぽい」など，わかりやすく説明しましょう。

③発熱・腹痛・嘔吐をしていないか

　これも感染症に感染している可能性があります。下痢，強い吐き気，嘔吐はノロウイルスの症状の特徴です。

④白衣・帽子・マスクがそろっているか

　白衣は，体（衣服）についているごみやばい菌が食べ物につかないようにするために着ます。帽子は，髪の毛を覆うようにかぶることで，抜け毛が食べ物に入ることを防ぎます。マスクは，口だけでなく鼻まで覆うようにします。髪の毛や鼻の粘膜には，黄色ブドウ球菌が住みついています。髪の毛が落ちないように，髪の毛は帽子の中にきちんとおさめます。

⑤爪を切っているか

　この項目については，チェックする必要はないのではないか，と思う人もいます。しかし，爪が長いと，爪に垢がたまりやすくなります。爪の垢は，細菌のかたまりなのです。細菌のかたまりだらけの指で，食べ物を扱ってほしくないですね。給食当番（にかぎらずですが）は特に，爪は適度に切っておくようにします。

　以上の項目を毎日点検し，右の写真のようなチェック表に記入します。チェックで引っかかった子は，他の子と当番をかわります。

　週末（または月末）に栄養教諭（保健主事，給食主任など）に提出して検印をもらいます。

ここまでしないと，担任も徐々にチェックしなくなってしまうのです。

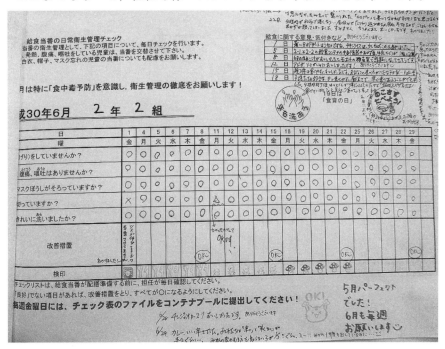

チェックしながら子どもを観察する

　毎日，同じ質問をしていると，子どもも惰性で「はい」と答えます。しかし，それで終わりではありません。質問をすることで，教師自身があらためて給食当番の子どもたち一人一人の様子を思い起こしたり観察したりすることにつながります。「下痢をしていませんか？」と聞きながら「この子は，授業中，トイレへ行ってたけど……」と思い起こしたり，「発熱・腹痛・嘔吐はありませんか？」と聞きながら一人一人の顔色を観察し，「なんだか顔色が悪いな」と気づいたりすることにつながります。

　チェックをしながら，あらためて子どもたちを観察することに意味があるのです。

給食目標の活用システム

給食目標が形骸化していないか

みなさんの学校に給食目標はありますか。

毎月，保健主事（または給食主任など）が給食目標を配付し，それを教室に掲示する，というやり方が一般的でしょう。（右写真参照）

この給食目標，掲示したあと，どうしていますか？ 教室に掲示したまま何もせず，1か月後，また次の月の給食目標に貼りかえる……そんなことになっていませんか？

給食目標を掲示しても，何もしなければ，子どもたちは1か月間ほとんど意識することはありません。そのような場合，おそらく，教師もほとんど意識していないのです。

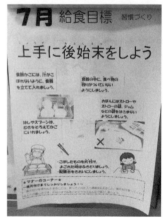

教室には，学級目標や生活目標など，多くの目標があります。つい，忘れていた……ということもよくあります。

そこで，給食目標が形骸化しないように，意識化・具体化・評価をするシステムをつくります。

給食目標の意識化システム

①給食目標の音読・暗唱

　意識化システムとは，つまり忘れないようにするシステムです。

　給食目標の音読・暗唱は，決まった時間に決まった係が，給食目標を音読します。それに合わせて，全員で音読します。

　例えば次のようにです。

・朝の会の中に，「今月の目標」コーナーを設ける。

　日直が「今月の生活目標，○○○（全員で復唱）。給食目標，○○○（全員で復唱）」と言って復唱させる。

・「いただきます」の前に，日直が「今月の給食目標は○○○です（全員で復唱）。がんばって取り組みましょう」と唱えてからあいさつをする。

　給食目標は短い文なので，これを毎日繰り返していると勝手に覚えます。最初は給食目標を見ながら唱えていた子たちも，暗唱するようになります。

②通信などに記入する

　給食目標にかぎらず，生活目標や安全目標などは，子どもだけでなく教師自身も忘れがちです。

　教師自身も，ことあるごとに意識するようにします。

　その手立ての1つとして，学年通信や学級通信の欄外に記入するようにします。

　月が変われば，その月の目標を確認して変更しなければならないので，意識することができます。

　変更していなければ，子どもから「先月と同じ目標のままになっていますよ！」と言われるので，気をつけるようになります。

給食目標の具体化システム

　音読・暗唱していればよいかというと，そうではありません。読んでいても，行動に移さなければ意味がありません。しかし，給食目標はやや抽象的な表現になっていることもよくあります。

　ある年の，私の勤務校の給食目標（4～7月分）は次のようになっていました。

　　4月　上手に給食の準備をしよう
　　5月　マナーを守って楽しい給食にしよう
　　6月　清潔に気をつけて食べよう
　　7月　上手に後始末をしよう

　これだけでは，具体的にどうすればよいのかわかりません。
　そこで，給食目標とともに，具体的な行為例を教えます。
　いきなり教えるのではなく，学年によっては，学級活動などの時間に話し合ったり発表させたりするのも大切です。
　時間がとれない場合は，朝の会などで5分程度でも自分で考えさせてから具体例を示すとよいでしょう。
　例えば，5月であれば次のようになります。

5月　〈給食目標〉マナーを守って楽しい給食にしよう
　　　〈具体例〉・食器を正しく持って食べる
　　　　　　　・好き嫌いしないで食べる
　　　　　　　・口に食べ物を入れたまま話さない
　　　　　　　・食べている途中で立ち歩かない
　　　　　　　・食事にふさわしい会話をする

　22ページの写真は，担当の先生がちゃんと具体的な行為例まで（イラストつきで！）入れたものです。

給食目標の評価システム

　すべての教育活動には評価が必要です。評価がなければ，指導のよし悪しもわからないし，子どもの励みにもなりません。
　ただ，教師が毎日記録をとって……となると大変だし長続きしません。
　月に1度，1週間だけ自己評価をつけたり，教師がチェックするなら曜日や期間を決めて行うとよいでしょう。（下は自己評価カードの一例です）

5月　〈給食目標〉マナーを守って楽しい給食にしよう　　　　　　名前（　　　　　　　　　　　）						
	／月	／火	／水	／木	／金
食器を正しく持って食べる					
好き嫌いしないで食べる					
口に食べ物を入れたまま話さない					
食べている途中で立ち歩かない					
食事にふさわしい会話をする					
ひと言感想						

家庭との連動システム

　毎月の給食目標は，学校給食で気をつけるだけではなく，家庭でも同様に気をつけるようにすると効果的です。
　学年通信や学級通信に給食目標を記入することを書きましたが，どのように指導しているかを書いたり，栄養教諭（または保健主事や給食主任）が発行する「給食だより」でふれたりし，保護者にも家庭での協力をお願いしましょう。懇談会の話題としてもよいでしょう。保護者も，お互いの家庭でどのようにしているのか気になっているかもしれません。

給食指導とは何か

食育とは

　本書は給食指導についての書ですが，学校現場では「食」に関わる次のような言葉がよく使われています。

・食育　　・食に関する指導　　・給食指導

　似たような言葉ですが，どれも同じことなのでしょうか？　違いがあるのなら，どう違うのでしょうか？　まずは，このあたりを整理しておきましょう。

　そもそも，食育とは何でしょうか？

　ここは，原典にあたりましょう。食育には食育基本法という法律があります。その前文に，食育の本質や目標が示してあります。

　それによると，食育は「生きる上での基本」であり，「知育，徳育及び体育の基礎となるべきもの」という位置づけなのです。

　そして，食育の目標は「様々な経験を通じて『食』に関する知識と『食』を選択する力を習得し，健全な食生活を実践することができる人間を育てる」ということなのです。

食に関する指導とは

　食育の法律が食育基本法なら，給食には学校給食法という法律があります。この学校給食法が2008年6月に大幅に改正され（2009年4月1日施行），第1条に「学校における食育の推進」が新たに規定されました。食に関する指

導とは,この「学校における食育」をさします。

文部科学省が発行している「食に関する指導の手引―第1次改訂版―」（以下「手引」）14ページには次のように書かれています。

> 学校における食育は,給食の時間,特別活動,各教科等の様々な教育の内容に密接にかかわっており,学校教育活動全体の中で体系的な食に関する指導を計画的,組織的に行っていくことが必要であること。

食に関する指導には6つの観点（食事の重要性・心身の健康・食品を選択する能力・感謝の心・社会性・食文化）の目標があります。それらを達成すべく,給食の時間,特別活動,各教科等のそれぞれで食に関する指導に取り組んでいくのです。

つまり,「給食の時間における食に関する指導」「特別活動における食に関する指導」「各教科等における食に関する指導」などがあるということです。

ところで,「学校における食育」ということは,「学校以外で行う食育」もあるということでしょうか？　食育基本法の前文には,「家庭,学校,保育所,地域等を中心に,国民運動として……」といった文言があります。つまり,「家庭における食育」や「地域における食育」もあるのです。

食育は一般の人も使う広い意味の言葉であり,「食に関する指導」は,学校における食育に限定した意味の言葉になります。

「給食の時間における食に関する指導」とは

では,「給食の時間における食に関する指導」についてが本書の内容であるかというと,そうではありません。「給食の時間における食に関する指導」にも,複数の内容があるのです。

さらに細分化してみましょう。「手引」200ページには,「給食の時間における食に関する指導」として次のように記されています。

給食の時間における食に関する指導
○教科等で取り上げられた食品や学習したことを学校給食を通して確認させる。 ○献立を通して，食品の産地や栄養的な特徴等を学習させる。 | 給食指導 | |---| | ○給食の準備から片付けまでの一連の指導の中で，正しい手洗い，配膳方法，食器の並べ方，はしの使い方，食事のマナーなどを習得させる。 |

「給食の時間における食に関する指導」の中には，「教科等で学習したことの確認」「食品の産地や栄養的な特徴等の学習」，そして「給食指導」があるのです。

ここで，やっと給食指導が出てきました。ここまでのことを図にまとめると下のようになります。この図を見てわかるように，本書の内容である給食指導は，食育の中のほんの一部でしかないのです。

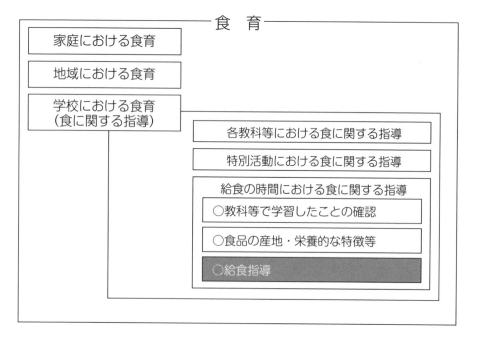

給食指導とは

給食指導の内容は前ページにも示してありますが,ここに再掲します。

> 給食の準備から片付けまでの一連の指導の中で,正しい手洗い,配膳方法,食器の並べ方,はしの使い方,食事のマナーなどを習得させる。

給食指導の具体的な内容があげられていますが,これでもまだまだ内容は広く深いです。実際には,これらに加えて食物アレルギーのある子や少食・偏食のある子などへの対応なども含まれます。

また,「手引」200ページには,給食指導について別の側面からこのように書かれています。

> 「給食指導」は,食に関する指導の目標を達成するために,毎日の給食の時間に,学級担任が行う食に関する指導です。

そうなのです。給食指導は,校長先生でも栄養教諭でもない,学級担任が毎日行うものなのです。

実際の給食の時間は,給食当番や食事のマナー指導に加え,食物アレルギーのある子や少食・偏食のある子などへの対応まで,息つく暇もないほど慌ただしい時間となります。

しかし,給食指導も食育の1つであり,学習の場です。毎日の給食を繰り返す中で子どもたちの成長が垣間見える瞬間もあります。そういう瞬間を数多く見られるようにするためには,ポイントを絞った指導が必要です。

本書は,給食指導の具体的な内容や重要なポイントをまとめています。ぜひ参考にしてください。

(辻川　和彦)

コラム

杓子(しゃくし)

　おたまの正式名称は「おたま杓子」だと本書42ページにあります。カエルの幼生と同じ名前ですね。もともと，カエルの幼生が調理器具のおたま杓子に似ているということから，オタマジャクシと名づけられたという説もあります。おたまの方が先なのですね。では，「杓子」とは何かというと，『明鏡国語辞典』には次のように記されています。

> 【杓子】汁や飯をすくうのに用いる道具。柄の先に中くぼみの小皿をつけたような形をした汁用と，先の丸い平板形をした飯用とがある。

　「中くぼみの小皿をつけたような形をした汁用」がいわゆるおたま杓子（おたま）ですが，「先の丸い平板形をした飯用」の杓子とは何でしょう？これは，「しゃもじ」のことです。このような言葉を「女房詞(にょうぼうことば)」と言います。室町時代初期頃から宮中に仕える女房が使い始めた一種の隠語です。語頭に「お」をつけてていねいさを表すものや，語の最後に「もじ」をつけて婉曲的に表現する文字詞(もじことば)などがあります。

【語頭に「お」がつく女房詞】
おかず・おから・おこわ・おじや・おみおつけ・おでん・おにぎり・おはぎ

【語の最後に「もじ」がつく文字詞】
おめもじ（お目にかかる＋もじ）・しゃもじ（しゃくし＋もじ）・ひもじい（ひだるい＋もじ）

第2章
正しい給食指導のポイント

1 配膳指導のポイント

机の配置の指導

机の配置の指導のポイント&アイデア

①机の配置を変えるのは何のためか

多くの学級では,給食の時間には机の配置を変えています。なぜ,変えるのでしょうか。学校給食法の第2条に示されている給食の目標の中に,次の文言があります。

> 3　学校生活を豊かにし,明るい社交性及び協同の精神を養うこと。

友達と楽しく会話をしながら給食を食べたり,一緒に給食の準備や片づけをしたりすることで,社会性や協同の精神を養っていくのです。特に,社会性を養うためには,会話をしやすい机の配置が必要です。

②机の配置を変える指導のポイント

・机の移動は素早く

机の移動に時間がかかると,それだけ準備の開始が遅れます。その気になれば10秒もあれば低学年でもできます。急がせすぎて,給食当番が通る通路が狭くならないように気をつけます。

・隣同士の机はピタリとくっつける

隣同士の机はピタリとくっつけるようにさせます。隙間があいていればすぐにくっつけさせますが,それが単に動かし方が雑だからなのか,差別意識からなのかをよく観察しておきます。

・場合によっては配置を変えない

　咳をする子が多かったり，インフルエンザが心配されたりする時季には，感染予防のために座席を向かい合わせにせず，前方（黒板の方）を向けたままで食事をさせます。

机の配置の指導の具体例

　机の配置には，様々なバリエーションがあります。
・班ごとに4～6人で机を合わせる（図1）
　もっとも一般的な給食を食べる際の机の配置です。
・全員で1つ，またはいくつかのグループで輪になる（図2）
　誕生日など，特別な日の給食でこのような配置にすることが多いです。
・コの字（図3）
　正面をあけて「コの字」にします。食事中にクイズや発表をする時に便利です。
・離れ小島方式（図4）
　別の班とのおしゃべりが多いと大声になったり，後ろを向くなど姿勢が悪くなったりしがちです。そこで，それぞれの班を壁や窓側に離して，同じ班の子ども同士での会話を促します。

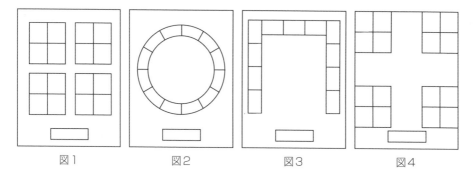

　　図1　　　　　図2　　　　　図3　　　　　図4

1 配膳指導のポイント

着替え指導

着替え指導のポイント&アイデア

①なぜ給食着を着るのか

　子どもたちの服には，目に見えなくてもごみやほこりなどがついています。給食着を着ないと，食事にごみやほこりが入ってしまい，不衛生です。そのようなことがないように，いつも清潔な給食着を着る必要があるのです。

②着替え指導のポイント

・帽子から髪の毛を出さない

　髪の毛は意外に抜けやすいことを子どもは知りません。食べ物に入っている髪の毛のアップの写真（白米の中の髪の毛が見やすいでしょう）を提示して，帽子をかぶらないと知らないうちにだれかの髪の毛を食べているかもしれないことを教えてあげましょう。

・マスクは口だけでなく鼻まで覆う

　口にマスクをしても，鼻は出している子がいます。鼻水が出たり，鼻を通して細菌に感染したりするので，鼻までしっかり覆わせます。「あごマスク」の子には，インターネット検索で「くしゃみで唾しぶきが飛び散る動画」を見せると，「マスクをして！」と注意し合うようになります。

・給食着（エプロンなど）のボタンをきちんととめる

　ボタンをとめていないと，前屈みになった時に給食着のすそが食事についてしまうことがあります。全員がきちんととめているのを確認してから，配膳をスタートさせるようにしましょう。

着替え指導の具体例

①配膳前に服装のチェック

　給食着への着替えが終わったら，食器や食缶をとりに行くために所定の位置に並びます。全員そろったら，担任によるチェックを行います。手洗いや体調のチェックとともに，服装のチェックも行います。チェック内容は，先述のポイント3点を中心に行います。

②給食着を床に置かない

　配膳が終わったら給食着を袋に入れますが，丸めて入れるとシワだらけになってしまいます。きちんとたたませたいのですが，給食着を床に置いてたたむとごみやほこりがついてしまいます。それでは給食着を着る意味がないので，床に置かずにたたませます。低学年でも，練習させるとできるようになります。

③使い捨てマスク

　最近は使い捨ての不織布のマスクがあり，箱ごと持ってくる子もいます。マスクを忘れた子がその子からもらったり，次第に使い捨てマスクを使う子が増えたりします。そうなると，給食後にはごみ箱に大量の使い捨てマスクが毎日捨てられることになります。

　衛生的にはよいのかもしれませんが，毎日大量に捨てられるマスクは教育的側面から見るとよくありません。めんどうかもしれませんが，布製のマスクを使うようにさせます。

　ただし，使い捨てマスクの扱いは学校全体で統一するように，管理職や養護教諭，栄養教諭と相談しておきましょう。

1　配膳指導のポイント

手洗い指導

手洗い指導のポイント&アイデア

①手洗いのポイント

　手洗いは，手のひらが泡だらけになってよく洗っているように見えても，意外に汚れが落ちていないものです。特に汚れが残りやすいのは「手の甲側」「親指の周り・指の間」「手首の周り」です。

　教師がそばについていればよいのですが，なかなかそうもいきません。手洗いの前には，特にこの3点をよく洗うように言い聞かせましょう。

②手洗いをしたくなるグッズを用意する

・ハンドソープ

　蛇口にせっけんがつり下げてある手洗い場が多いのですが，ハンドソープにすると子どもたちは泡を出したがるのでよく洗うことにつながります。詰め替え用を使えば，費用もおさえられます。

・手洗い練習用スタンプ

　手洗い練習用のスタンプがあります。手洗い前に，手に押します。それが消えるように洗うことで，雑な洗い方を防ぎます。毎日使うのではなく，学期はじめや「最近，手洗いが雑だな」と感じた時に，意識づけとして行います。

手洗い指導の具体例

①手洗いの手順

　手洗いについては，どの学校でもおよそ以下のような手順になります。

---

❶手を水で濡らす
❷せっけんをつけて泡立てる
❸手のひらを洗う
❹手の甲を洗う
❺指の間を洗う
❻指先を洗う
❼手首を洗う
❽水で洗い流す
❾清潔なハンカチで拭く

　上記の❶〜❾の写真をラミネート加工して手洗い場に掲示し，洗い残しがないようにします。

②給食当番を優先させる

　学校によって多少の違いはありますが，手洗い場の蛇口の数は5〜6個ぐらいでしょう。ほとんどの学級では，子どもたちは並んで順番待ちをすることになります。

　この時，給食当番と当番以外の子の手洗いをずらし，給食当番を優先させると，準備の時間の短縮につながります。

1　配膳指導のポイント

台拭き指導

台拭き指導のポイント＆アイデア

①台拭きをしないと始まらない

　台拭き係は子どもたちの机だけでなく，配膳台も拭きます。

　配膳台を拭かないと，食缶や牛乳などを置くことができません。

　だから，4校時の授業が終わったあと，台拭き係がすぐに動くかどうかで準備時間を縮められるかどうかが決まります。

　しかし，台拭き係の子自身が，自分が台拭き係だということを忘れていることが多いのです。そのようなことにならないよう，週明けの月曜日や学期最初の給食の日には，午前中の授業が終わる直前に，「今週の台拭き係は？」と確認をします。

②台拭きのポイント

・ふきんの絞り方

　台拭き用のふきんをバケツの水で濡らして絞ります。だんごのように丸めて絞るのではなく，両手は縦にして持ってねじるようにして絞ります（掃除のぞうきんの絞り方も同じです）。しっかり絞らないと，机を拭いたあとがひどく濡れてしまいます。ふきんだけでなく，普段からぞうきんなども同じ絞り方ができるようにさせておきます。

・配膳台や机の拭き方

　まず配膳台を拭き，次に子どもたちの机を拭きます。ふきんの端と端を合わせ，2つか4つに折ります。そして，台や机の端から端へ，隙間のないように拭いていきます。よく，真ん中をぐるぐると丸く拭く子がいますが，それでは四隅の方を拭けません。

台拭き指導の具体例

〈食前の台拭き〉

❶バケツに水を半分～3分の2程度入れる

　バケツの縁の近くまでなみなみと水が入っていると，運ぶ時にバケツが揺れて水が廊下や床にこぼれてしまいます。水はたくさん入れすぎないようにします。

❷配膳台と机を拭く

　係が複数いれば，手分けして拭かせます。机に歯みがき用のコップが置いてあれば，持ち上げて拭き残しがないようにします。

〈食後の台拭き〉

❶机上にこぼれている残飯をティッシュペーパーでとりのぞいておく

　食前と同じく，配膳台と机を拭きます。ごはんつぶや野菜くずを台拭きで床に払い落とさないように気をつけます。

❷食後の台拭きが終わったら，洗って干す

　干す時には，洗濯物のように，パンパンと広げてから干すようにします。給食委員会が定期的にふきんを洗濯する学校もありますが，できれば（予算的に可能なら）ふきんは月に1度は新しいものにとりかえて，清潔さを保つようにしましょう。

1　配膳指導のポイント

ごはんのよそい方指導

ごはんのよそい方指導のポイント&アイデア

①「よそう」の意味

　ごはんなどをお椀に盛る作業を「装（よそ）う」と言います。「したくをする。準備をする」という意味ですが「飲食物を整え，用意する。転じて飲食物をすくって器に盛る」という意味もあります。ごはんはしゃもじを使ってよそいます。つまり，ごはんをよそう指導はしゃもじの使い方の指導でもあります。

②使う前にしゃもじを濡らす

　しゃもじは，そのまま使ったらごはんつぶがくっついてしまいます。それを防ぐために，使う前に水で濡らします。予備のごはん茶碗に水を入れ，その水でしゃもじを濡らすようにします。

③手首を返す

　しゃもじでごはんをすくったら，手首を返して（つまり，しゃもじも返して）ごはん茶碗にごはんを入れます。

ごはんのよそい方指導の具体例

①ごはんをよそう手順
- 予備のごはん茶碗に水を入れ,その水でしゃもじを濡らす
- ごはんをしゃもじですくい,ごはん茶碗によそう(1回目)
  ごはんの量はごはん茶碗の5～6分目程度にする
- 少量のごはんをすくって,ごはん茶碗によそう(2回目)
  最終的にごはん茶碗の8分目程度までごはんを入れる。(ごはんの量は学年によって異なる。低学年は少なめによそう)
- しゃもじを縦に使って,ごはんの形を整える
- よそい終わったら,しゃもじを水をはったごはん茶碗に入れておく

②間違ったよそい方
次のやり方は,間違いやすいよそい方であり,マナー違反です。このようなよそい方はしないように4月に教えましょう。
- ごはんをごはん茶碗にぎゅっと押し込むようによそう
- ごはんを山盛りによそう
- しゃもじについたごはんつぶをごはん茶碗のふちにこすりつける

③食缶の片づけ方
よそい終わったあとの食缶には,ごはんつぶがたくさんくっついて残っています。そこで,しゃもじをつけていたごはん茶碗の水を食缶の内側にかけていきます。そして,しゃもじを使って周りや底についたごはんつぶをこすり落とします。

1 配膳指導のポイント

おたまの使い方指導

おたまの使い方指導のポイント&アイデア

①おたまの正式名称

　食缶に入っているおかずは，汁物，煮物など様々あります。それらをお椀にすくう調理器具をおたまと言いますが，正式名称はおたま杓子です（本書ではなじみのある「おたま」を使います）。おかずのすくい方，つぎ方は，おたまの使い方がポイントになります。

②おたまの持ち方

　お椀につぐ時にはおたまを傾けなければなりません。そのためには，手首を返す必要があります。正しい持ち方をしないと，スムーズにおたまを返すことができません。時々，握り込むように持つ子がいますが，最初に正しい持ち方を教えましょう。

×

○

おたまの使い方指導の具体例

①均等につぐ

人によって量がまちまちだと不満が出ます。少食や苦手なものであるなどの事情がない子には,できるだけ均等につがせるようにします。

②こぼさないようにつぐ

汁物をすくった時,おたまから汁がこぼれている状態でお椀につぐと,お椀の外側や底の部分にも汁がたれてしまいます。そのままおぼんに置くと,おぼんにも汁がついてしまうのです。

それを防ぐには,おたまですくったあとに軽く上下にゆすり,それからお椀につぐようにします。急いでいると,汁がたれがちになります。ゆっくりやると準備に時間がかかってしまいますが,おかず係の子をあまり急かさないようにしましょう。

③おたまを食缶から出さない

給食の準備が終わると,配膳台におかずの汁がこぼれていることがあります。おたまを食缶の外側に出すと,汁がポタポタとこぼれてしまうのです。

特に,盛りつけたお椀を渡そうと左腕を伸ばすと,おたまを持った右腕を反対側にまわしてしまって,配膳台や床に汁をたらしてしまうので気をつけさせます。

おかずをつぎ終わったら,おたまは食缶の中に入れておくのではなく,予備のお椀(または専用のおたま受け)に置くようにします。

1 配膳指導のポイント

食器の並べ方指導

食器の並べ方指導のポイント&アイデア

①基本の並べ方

　給食ではおぼんの上に，次のものを置きます。

主食：ごはん，パン，麺類など主にエネルギーのもとになる。

主菜：肉，魚，卵，大豆製品などたんぱく質の多いもので主に体をつくるもとになる。

副菜：野菜を中心にしたおかずで，主に体の調子を整える。

牛乳：成長期のカルシウム摂取のため，給食に毎回つく。

（説明は「食に関する指導の手引」文部科学省より）

　これに，日によってデザートやジャムなどがつきます。

　基本的な並べ方は，下のようになります。（地域によってデザートなどの並べ方が多少違う場合があります）

食器の並べ方指導の具体例

①なぜ，そう並べるのかを教える

理由も一緒に教えることで，食器の並べ方が覚えやすくなります。

・ごはんと汁物の位置

ごはんは左手で持つので，左側に並べます。汁物は右側です。左利きの子は逆になります。

・箸の置き方

箸は右手で持つので，箸の持つ方を右側にして，おぼんの手前の真ん中に並べます。スプーンやフォークも同じです。箸は，2本の箸の両端をそろえるようにします。

・牛乳の位置

牛乳は，おぼんの右奥に並べます。「左側の方が，箸を持ったまま牛乳を持ちやすい」という子もいますが，それはマナー違反です。牛乳は，箸を一度置いてから，持って飲むようにします。

②「まちがい探し」で正しい並べ方を覚える

下のように，正しい並べ方の写真と，間違った並べ方の写真を何パターンか用意しておきます。

「全部正しいのはどれ？」「間違った並べ方をしているのは何？」などと問いながら，正しい並べ方を理解させます。給食時間には，正しい並べ方の写真を黒板に掲示しておくとよいでしょう。

2 食事中の指導のポイント

「いただきます」指導

「いただきます」指導のポイント&アイデア

①「いただきます」の意味を教える

　「いただきます」は感謝の気持ちを表す食前のあいさつです。では，何に対する感謝なのでしょうか？

　まずは，食材となっている動植物の命です。そして，野菜をつくる農家，魚をとる漁師，加工する工場で働く人，調理をする人，輸送をする人，さらには食器などをつくる人や給食費を出してくれた保護者……等々の幅広い関係者の人たちです。「いただきます」は，このような命・人への感謝の気持ちを表すあいさつなのです。

　年度はじめや学期はじめに，学年に応じて「なぜ，『いただきます』をするのか」を確認しておきましょう。

②「いただきます」のポイントと"ひと言"

　「いただきます」のあいさつ自体は難しくありません。
- 姿勢を正す
- 日直や係の号令であいさつをする

　「いただきます」の前後に，"ひと言"つけ加えるやり方もあります。
- 「感謝をしていただきましょう。いただきます」
- 「おいしく残さずいただきましょう。いただきます」
- 「今月の給食目標は『〇〇』です。がんばりましょう。いただきます」

　学校や学級のやり方に合わせて，行いましょう。

「いただきます」指導の具体例

①日直（係）の号令に合わせて

　私の地域では，「いただきます」は次のようにしています。

日直「姿勢（姿勢を正す）。手を合わせましょう」

全員「はい（手を合わせる）」

日直「いただきます」

全員「いただきます（手を合わせたままおじぎをする）」

　「いただきます」のやり方は様々あります。ご自分の地域で行われているやり方でも，自分で工夫したやり方でもよいでしょう。

②合掌は宗教的な行為？

　写真1は「いただきます」で合掌をしている場面です。しかし，地域や教師によっては，合掌（手を合わせる行為）を宗教的な行為とみなして，させていない地域もあります。「いただきます」に決まったやり方はありません。感謝の気持ちをもたせることが目的なので，やり方は自由なのです。

　ただし，感謝を表すあいさつですから，合掌をしない場合でも，写真2のようにきちんとした姿勢で「いただきます」をしましょう。

写真1

写真2

第2章　正しい給食指導のポイント　◆　47

2 食事中の指導のポイント

お椀の持ち方指導

お椀の持ち方指導のポイント&アイデア

①お椀の正しい持ち方

　ごはんやおかずを入れるお椀の底には台があります。その台を「高台<small>こうだい</small>」と言います（子どもに覚えさせる必要はありません）。高台があることで，お椀を安定して置くことができます。

　正しい持ち方は，下図のようにそろえた4本の指の上にお椀の高台の部分をのせ，親指を縁にかけます。

②正しく持つことの利点を教える

　正しい持ち方には理由があります。お椀に入れたものが熱くても，高台の部分は熱くなりにくいので，安全にお椀を持つことができます。間違ってお

椀の側面の部分（「胴」と言います）を持つと，熱くて持てないのです。

お椀の持ち方指導の具体例

①正しい持ち方を教える

　献立にごはんがある日，「いただきます」の前に「ごはん茶碗を持ってみましょう」と指示します。隣同士や班のメンバーで正しくごはん茶碗を持っているかどうか確認した上で，あらためて以下の手順で正しく持たせます。
❶ごはん茶碗を両手で持ち上げる
❷（右利きの場合）左手だけでごはん茶碗を持つ
❸親指以外の4本の指をそろえて，その上にごはん茶碗をのせる
❹親指をごはん茶碗の縁にかけて支える

②間違った持ち方を教えて正しい持ち方を意識させる

　間違った持ち方を知ることで，今までの自分の持ち方をふり返り，正しい持ち方を意識することができます。次のような間違った持ち方を教えます。
・縁をつまむようにして持つ
・わしづかみで持つ
・持たずに机に置いたまま食べる（「持ち方」ではないですが）

　縁をつまんだ持ち方は落としやすく，わしづかみは熱くて持てません。間違った持ち方がなぜいけないのかを，きちんと説明しておきましょう。

③手の大きさへの配慮

　低学年などの手が小さい子は，お椀の縁に親指が届かず，正しい持ち方ができない場合もあります。そのような場合は正しい持ち方に固執しないでよいのですが，間違った持ち方が定着しないように気をつけましょう。

2　食事中の指導のポイント

おかわり指導

おかわり指導のポイント＆アイデア

①基本は教師がつぎ分ける

　おかわりは，教師がします。子どもがすると，希望者の人数に合わせてうまく量の調節ができなかったり，自分だけ多くしたりすることがあるからです。ただし，高学年などで，それをきちんとできるようにさせるという目的のもと，教師が確認した上で子どもたちにやらせるのであればかまいません。

②おかわりの礼儀

　おかわりをするために食器を持ってくる時は，必ず次のことをさせます。
・食器は両手で持つ
・「お願いします」「ありがとうございました」と言う
　片手でヒョイと食器を突き出したり，黙ったままおかわりをしたりするのは，相手に失礼です。礼儀を守っておかわりをするように教えます。
　なお，両手で食器を持つのは，落とすことを防ぐ意味もあります。

×

○

③バースデーおかわり

　通常，おかわりの優先順位はジャンケンで決めるのが一般的ですが，誕生日の子にはジャンケンをしなくても優先的におかわりできる権利をもたせるルールです。だからといって好きなだけ盛るのではなく，他の希望者の人数を考えながら，節度をもったおかわりをするようにさせます。土・日や夏休みなどに誕生日がある子は，給食のある日にふりかえます。

おかわり指導の具体例

①ごはんやおかずのおかわり

　おかわりの希望者に挙手をさせ，人数を把握します。ごはんやおかずの残量を見て，希望者全員に同量が行き渡るようにつぎ分けます。希望者の人数に対して量がたりない場合にはジャンケンをします。

②「1個モノ」のおかわり

　シューマイやコロッケ，デザートなど分けにくい「1個モノ」の場合は，希望者が多ければジャンケンをします。牛乳ジャンケンで勝ちとった子はデザートジャンケンは自粛するなど，1人の子に集中しないようにします。偶然性に左右されますが，連日同じ子に偏らないように配慮しましょう。

③おかわりの注意点

　午前中に体調が悪かった子が，給食時には元気になっておかわりをしたがることがあります。かわいそうですが，そのような場合はおかわりはさせないか，させても少量だけにします。（あとで嘔吐することもあるので）
　また，食物アレルギーのある子がアレルゲンの入っている食べ物をおかわりしないように気をつけます。中・高学年の子は自分で理解できているでしょうが，低学年の子の場合は予想外のことをすることもあるので，要注意です。

2 食事中の指導のポイント

果物の食べ方指導

果物の食べ方指導のポイント&アイデア

①皮をむいて食べる機会を

　果物には，皮を手でむくものや皮をむかずに皮ごと食べるものなどがあります。

　リンゴなどは皮がついているものもありますが，食べやすいように皮をむいて出す地域もあります。

　ミカン類はさすがに皮がついたまま出ますが，甘夏のように皮が分厚いものもあり，低学年などでは皮をむくのに時間がかかることもあります。

　また，果物が嫌いな子や，皮をむけない子も多くなってきました。最近は家庭で果物を食べることが少なくなり，最初からカットされた果物しか食べたことがない子もいます。そうであればこそ，給食で食べる機会を与える必要があります。

②ティッシュペーパーを机上に準備

　果物には手で食べるものと箸やスプーンを使って食べるものがあります。

手で食べると手が果物の汁で濡れてしまいます。食べ終わった子から手洗い場に手を洗いに行きますが，食べている途中で何かを手にとったり，洗う前に扉を手でさわったりすることもあります。食べる前に，机上にティッシュペーパーを用意しておき，濡れた手を拭けるようにしておきましょう。ただし，苦手なものをこっそりティッシュペーパーにつつんで捨てようとする子もいるので注意が必要です。

果物の食べ方指導の具体例

①食べる順番

　基本的に，果物はデザートの扱いですから，最後に食べます。

②食べ方

　スイカやメロンなどは皮ごと出ますが，果肉をどの程度まで食べるかは微妙なところです。薄い皮だけ残るようなきれいな食べ方をする子もいますが，果肉が厚く残っている子には「もっと食べられるよ」と促します。

③皮の処理

　リンゴの皮などの食べられるものは，栄養もあるので食べることを促しますが，無理して食べさせる必要はありません（皮をむいた状態のものも多いです）。皮をむく果物（ミカンなど）は，皮がばらばらになったり広がったりしないように，実を食べ終わったら皿の上で1か所にまとめます。

④種の出し方

　スイカや甘夏など，種ごと食べて，あとから種を出す果物があります。口からプッと種を皿に吐き出す子がいますが，皿から飛び出たり床に落ちたりしてしまいます。間違って友達の食器に入ったら大変です。そのようなことがないように，口元に手を持っていき手の中に出してから皿に置きます。机上にティッシュペーパーを置いておき，それで手を拭くようにします。

2 食事中の指導のポイント

食事の時間配分の指導

食事の時間配分の指導のポイント&アイデア

①時間がかかる理由
　食べるのに時間がかかる子といっても，その理由は様々です。
・好き嫌い（偏食）があるために時間がかかる
・動きが緩慢なために時間がかかる
・おしゃべりをしたり他のことに気をとられたりして時間がかかる
　それぞれに応じた指導のポイントがあります。

②食べる時間を確保するために
　「配膳指導のポイント」で一貫して準備が短時間でできるように書いているのは，食べる時間を確保するためです。準備そのものを早くするだけでなく，4校時が特別教室での授業の時は，次のようなことも大切です。
・机を給食の形に移動させ，給食着を机の上に置いておく
・配膳台を出しておく
・台拭き用のバケツに水を入れておく
　このように「準備をするための準備」という意識をもたせます。

③時間がかかることを責めない
　基本的には，食べるのに時間がかかることを責めないようにします。走るのが速い子や遅い子がいるように，食べるのだって個人差があります。急かすと，よく噛まなかったり，誤嚥したりすることもあります。そういうことが続けば，給食の時間が嫌いになってしまいます。いつもより少しでも早く

食べられた日にはほめ，一緒に喜びましょう。(「好き嫌い（偏食）があるために時間がかかる子」への指導は，114～121ページ「偏食・残滓を減らすアイデア」をご覧ください）

食べるのに時間がかかる子の指導の具体例

①個別の対応をする

　全員一緒に「いただきます」をするのが理想ですが，かなり時間がかかる場合は，先に配膳をさせて早めに食べさせるようにします。もちろん，1人で食べ始めることに抵抗がある子の場合は，遅くなってもみんなと一緒に「いただきます」をして食べさせます。

　また，その子に確認しながら，量を少なめに調整します。嫌いなものだけ減らさないように，教師が調整するようにしましょう。時間内に食べ終えることができ，もっと食べたい場合はおかわりをしてもよいことにします。

②同じ班の子に協力してもらう

　おしゃべりをしたり他のことに気をとられたりする子の場合は，同じ班の子に協力してもらって，声かけをしてもらいます。また，教師もことあるごとに「あと何分ですよ」「すごい，今日は早いね」などと声をかけるようにします。

③「給食がんばり表」で意欲づけをする

　給食がんばり表を用意し，食べ終えた時間によって印をつけるようにします。
- 時間内に食べられた日：◎または赤色
- 終了時刻を過ぎて5分未満に食べられた日：○またはピンク色
- 終了時刻を過ぎて5分以上かかった日：△または黄色

　このようにして，その子のがんばりが目に見えるようにします。「5分」などの時間は，子どもの食べる実態から設定します。

2 食事中の指導のポイント

噛む指導

噛む指導のポイント&アイデア

①なぜ噛むことが大切なのか

　学校食事研究会が，噛むことの効用を「ひみこのはがいーぜ」という標語にしています。

ひ…肥満予防	み…味覚の発達	こ…言葉の発音はっきり
の…脳の発達	は…歯の病気予防	が…ガン予防
いー…胃腸快調	ぜ…全力投球	

　学年に応じて，わかりやすく説明し噛むことへの意欲につなげます。
　また，日本咀嚼学会によると，「口の中で食物の安全を確認することも咀嚼の重要な意義の一つ」（日本咀嚼学会ホームページ「日本咀嚼学会からの発信(1)」より）だそうです。噛むことで，金属片などの異物混入に気づくことができるというわけです。このように，身を守るためという視点も，噛むことの大切さを意識させることにつながります。

②噛む指導の視点とジレンマ

　噛む指導には様々な視点があります。まず「献立」から見ると，噛まざるを得ない献立（するめなど）にすることです（これは担任ではなく栄養教諭・学校栄養職員の仕事ですが）。さらに「食べ方」「チェック表」「特設タイム」などの視点から，噛むことを促す指導があります。
　しかし，よく噛むということは，それだけ時間をかけるということです。

実際の教室（特に低学年）では，ただでさえ食べるのが遅い子がいて，共同調理場（給食センター）の食器の回収に間に合わない子もいます。担任は，常に「時間をかけてよく噛ませたい」「しかし，時間がたりない」というジレンマの中にあります。よく噛む時間を確保するためにも，準備や片づけを手際よく行う必要があります。

噛む指導の具体例

①食べ方で噛む回数を増やす

　厚生労働省が推奨している方法です。食べ物をひと口入れたら，箸を置いて「いつもより5回多く噛む」ようにします。

②チェック表で噛む回数を増やす

　栄養教諭や学校栄養職員がつくるイラストの配膳図があります。よく噛んで（学級の実態により「10回」や「20回」などの回数を決めておきます）食べられたものに，色を塗ります。低学年の子は色を塗りたいので，よく噛んで食べる意識づけになります。食べるのが遅くならないように，色を塗るのは全部食べ終えたあとにします。

③「かむかむタイム」で噛む回数を増やす

　「いただきます」の直後に「かむかむタイム」（名前は何でもよいのですが）を設けます。3分間，おしゃべりをせず，その間，口に入れたものは何でもとにかく30回噛むことにするのです。本来，食べ物によって適する噛む回数は違いますが，その3分間だけは30回噛む時間や味の変化などを体験させます。噛むことの意識づけをするのです。

2 食事中の指導のポイント

食べ方のマナー指導

食べ方のマナー指導のポイント&アイデア

①周りに不快な思いをさせない

　給食の献立には，ごはん・パン・麺類・汁物……等々の様々な種類があります。それぞれ，食べ方のマナーがあります。高級レストランではないのであまり堅苦しいことは言いたくないのですが，食育の場である以上，基本的なマナーは押さえた上で食べさせます。

　食べ物を粗雑に扱ったり，周りの人に不快な思いをさせたりするようなことは，マナー違反になると考えてよいでしょう。

②お口のマナー

　具体的な指導例は次ページに示していますが，ここではどんな食品にも共通する「お口のマナー」をあげておきます。

・口をあけながら食べない

　口をあけながら食べると，クチャクチャと音がします。また，正面の子に口の中の食べ物が見えてしまいます。周りの子に不快な思いをさせないために，「口はとじて食べる」ようにします。

・口いっぱいにほおばらない

　口いっぱいにほおばると，のどにつまりやすくなり，また，食べるのに時間がかかります。その間に，友達と会話をしようとすると，食べながら話してしまうことになり，口をあけながら食べることにつながります。

食べ方のマナー指導の具体例

①ごはん

ごはんの上に，おかずをのせて食べる子がいますが，それはごはんを器がわりにしていることと同じです。ごはんにはおかずをのせないようにします。

②パン

大きく口をあけてパンをかじる子がいますが，それでは口いっぱいにほおばってしまいがちです。また，のどにつまりやすくなります。パンはひと口分だけ，指でちぎって食べます。

③うどん類

うどんやパスタなどの麺類の食べ方は，「噛みきらない」ことです。

うどんはすすって食べますが，勢いよくすすると，麺がはねて汁が飛び散ります。周りの子の机や食器に汁がかかると，大変嫌な気分になります。麺をすする時には，汁がはねないように，箸でうどんをつまみ，箸をずらしながら少しずつ口に入れていきます。

④汁物・スープ

音をたてて飲まないようにします。スープはスプーンですくって飲みますが，スプーンすれすれまですくうと，口元に運ぶまでにこぼしてしまいます。スープは，スプーンの3分の2程度まですくって飲むようにします。

⑤牛乳

飲む時に，あごを上げないようにします。勢いよくのどに入り込んで，むせる原因になります。ストローを使って正しい姿勢で飲めば，あごを上げる必要はないはずです。

3 後片づけの指導のポイント

「ごちそうさま」指導

「ごちそうさま」指導のポイント&アイデア

①「ごちそうさま」の意味

　「ごちそうさま」は漢字で書くと「御馳走様」です。「馳」「走」は，どちらも同じような意味をもちます。

　「馳」は「車馬を速く走らせる」「速く走る」などの意味があります。

　「走」は「かける。速足で行く」「にげる」「(急いで)むかう。ゆく。去る」という意味です。(『新漢語林　第二版』大修館書店より)

　なぜ，「ごちそうさま」に２つも「走る」という意味の漢字が使われているのでしょうか。「馳走」は「走りまわる」「馬を駆って走らせる」という意味から，世話をすること，めんどうをみることといった意味が生まれました。

　さらに，中世末から近世はじめにかけて「心を込めた(食事の)もてなしや，そのためのおいしい食物」といった意味が生まれました。

　そういう世話をかけたお礼の気持ちを込めて，食べ終わった時のあいさつを「ごちそうさま」と言うのです。

②「ごちそうさま」のタイミング

　「ごちそうさま」をしてから食器を片づけるか，片づけてから「ごちそうさま」をするかは，学級によって違います。私は，片づけ・歯みがきなどをすませ，ごみや食べこぼしの確認，台拭きのバケツなどの片づけもすべて終えたのを確認してから，「ごちそうさま」をして昼休みにしています。どちらでも，担任のしやすいやり方でよいでしょう。

「ごちそうさま」指導の具体例

①日直（係）の号令に合わせて

　日直の号令で「ごちそうさま」をします。
日直「姿勢（姿勢を正す）。手を合わせましょう」
全員「はい（手を合わせる）」
日直「ごちそうさまでした」
全員「ごちそうさまでした（手を合わせたままおじぎをする）」
　「いただきます」と同じく，合掌をすることに抵抗があれば，姿勢を正した（気をつけ）状態で「ごちそうさま」をしてもよいでしょう。

②「ごちそうさま」は心を込めて

　「ごちそうさま」が終わったら昼休みに入るという場合，子どもたちの中には早く運動場に行きたい，と考えている子もいます。すると，「ごちそうさま」の「ごち……」のあたりで，もう手を離して腰を浮かせ，席を立とうとする子も多いのです。
　しかし，「ごちそうさま」は感

謝の気持ちを込めて行うものです。急いで言ったり，中途半端にしたりするのは大変失礼なことです。
　子どもたちには，途中で手を離したり席を立とうとしたりするのは動植物の「命」にも，関わってくれた人たちにも大変失礼だということを話します。
　「ごちそうさま」を言い終わっておじぎをしたあとに，心の中で「1，2」とふた呼吸してから席を立つようにさせるとよいでしょう。

3 後片づけの指導のポイント

食器の片づけ方指導

食器の片づけ方指導のポイント&アイデア

①気になる食器の返し方

子どもたちの食器の返し方を見ていると，次の点が気になります。
- 食器にごはんつぶや野菜くずなどが残っている
- 放り投げるように雑に返している

食器の返し方もマナーの1つです。この2点に対して，以下のような手立てをとります。

②「いただきます」と連動した指導

「いただきます」の指導の際に，食べ物の命や関わった人たちへの感謝の気持ちを教えます。それと関連させて，食器にごはんつぶや野菜くずを残すのは「食べ物（命）を大切にしていないこと」「給食に関わった人たちに対して失礼なこと」であることを教えます。なお，苦手な野菜をがんばって食べて食器を持ってきた子は，少々野菜くずが残っていても許容する場合もあります。

③キーワードは「音・向き・高さ」

ていねいな返し方のポイントとして，「音・向き・高さ」というキーワードを教えます。具体的には，次のようなことです。

- 「音」を出さないように，静かに置く
- 箸，スプーンなどは「向き」をそろえて入れる

・食器を2列に分けて置く場合は,「高さ」をそろえる

後片づけの時には,この3点に注意して食器かごに入れさせます。

食器の片づけ方指導の具体例

①急がない・走らない

食器を返すために配膳台の方へ行く時には,歩いて行かせます。走る子は,席にもどってやり直させます。雑な返し方がわかりやすいのは箸やスプーンです。左下の写真のように,向きが逆になったり,かごからはみ出たりしがちです。右下の写真のように,ていねいに返すことを心がけさせます。

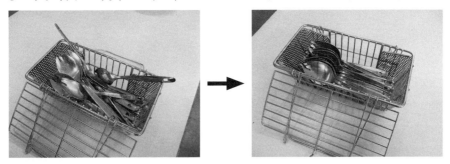

②食器かごの取っ手

返す前に,食器かごの取っ手が外側にたたんであるか確認します。右の写真のように内側にたたまれたまま食器を重ねていくと,あとで食器を全部出さないと取っ手を取り出せなくなります。

③汁物は要注意

汁物の場合は汁が残っていないか,ということも大事です。皿に汁が残っていると,食器かごを運ぶ時にちょっと傾けると汁がこぼれてしまいます。汁を残さないようにするだけでなく,階段を下りる際にも,食器かごを傾けないように気をつけさせます。

> 3 後片づけの指導のポイント

食べこぼしへの指導

食べこぼしへの指導のポイント&アイデア

①子どもの目に入らない食べこぼし

給食後，おぼんの上や机の上，周りの床に，食べこぼしが落ちていることがあります。

食器の片づけの際，子どもたちは食べこぼしがあるおぼんをそのままおぼんかごへ入れようとします。子どもたちにとっては，食べこぼしはほとんど目に入っていません。たとえ目に入っても，汚れた食器と同じく「だれかが洗ってくれるもの」という意識なのです。

②食べこぼしがある場所

子どもたちに，食べこぼしがある場所を教えます。

それは，次の３か所です。

・おぼんの上　　・机の上　　・机の周りの床

後片づけをする前に，この３か所を確認する習慣をつけさせます。

食べこぼしへの指導の具体例

①「だれかが」から「自分が」へ意識を変える

　食べこぼしは、だれがきれいにするのかを考えさせます。

　そのままだと、おぼんの上の食べこぼしは調理員さんが、机の上の食べこぼしは台拭き係が、床に落ちている食べこぼしは教室掃除の担当が片づけることになります。

　台拭き係や教室掃除の子たちに、人の食べこぼしを片づける気持ちを聞きます。「気持ち悪い」「人の食べこぼしをさわりたくない」などと言います。調理員さんだって同じであることを教えます。

　では、だれが片づければよいかを問うと、「こぼした人が自分で片づける」という意見にまとまります。一人一人が、片づける人の気持ちを考えて行動することが大切であることに気づかせます。

②食べこぼしを確認するシステム

　「ごちそうさま」の号令の時に、

> 　おぼんの上・机の上・周りの床にごみや食べこぼしはありませんか（確認）。自分のごみや食べこぼしは自分で片づけましょう。ごちそうさまでした。(全員で「ごちそうさまでした」)

などと、ひと言入れることで、全員が一斉に3か所を確認することができます。(食べこぼしだけでなく、ごみも一緒に確認させます)

　この3か所を確認し、食べこぼしがあればティッシュペーパーなどで拭きとり（場合によってはぞうきんで拭きます）、後片づけの際にごみ袋に入れます。

　食べこぼしを教室のごみ箱に捨てると、悪臭やゴキブリが出る原因になるので、絶対に捨てないようにさせます。

3 後片づけの指導のポイント

食べ残しへの指導

食べ残しへの指導のポイント&アイデア

①無理に食べさせない,けれど少しは食べさせる

　苦手なものは,最初に少なめに盛りつけるようにします。それでも,どうしても食べられない子はいます。そのような場合は,無理に盛りつけた分をすべて食べさせる必要はありません。しかし,「あとひと口」「半分までがんばろう」などと,少しは食べるように促します。

②残してまで食べさせない

　かつては,給食の時間が終わっても食べ終わらないと,昼休みまで残して食べさせるスパルタ式の指導がありました。しかし,そこまですると,子どもたちは給食の時間を嫌いになってしまいます。少なくとも,その子が食べられる量を決めて,そこまで食べればよしとします。

③「ほめる」「喜ぶ」「分かち合う」

　食べられないことを「しかる」「蔑む」「(昼休みに) 1人で食べさせる」のでは,給食がつらい時間になってしまいます。完食しなくても,その日の目標を達成したら,「おおー! やったねえ。よくがんばったよ!」と大いにほめ,教師も一緒に喜びます。

　周りの子どもたちに「○○さん,がんばったよ! これだけ食べたよ」と知らせ,周りの子どもたちと「やったー!」「がんばったね!」などと喜びを分かち合うことで,好き嫌いのあった子も達成感をもつことができます。「ほめる」「喜ぶ」「(喜びを) 分かち合う」ようにするのです。

食べ残しへの指導の具体例

①様々な視点からの指導

　好き嫌いをしないで食べるために，次のような視点からの指導をします。

・栄養面についての指導

　給食の献立は，栄養のバランスを考えてつくられているので，好き嫌いなく食べることが健康な体をつくることにつながります。

・命を粗末にしない指導

　肉や魚はもちろん，野菜などの植物ももともとは生きていたものです。好き嫌いをして食べ残しをすることは，せっかくのその命をむだにすることになります。

・つくってくれた人，関わった人たちへの感謝

　調理場の方や，農家・漁師・配送業者等々，給食のために多くの人々が関わっていることを教えます。

②「習うより慣れろ」

　①の話を聞いて，頭では「食べなければいけない」とわかっていても，口に入れるとその食感や味，においがどうしても我慢できない……ということはあるものです。もう，その食べ物に慣れるしかありません。「これだけ食べたら残していいよ」と言って，今日はひと口，次の日はふた口……と，少しずつ食べる量を増やすようにします。

③「残して当然」ではない

　無理に食べさせる必要はありませんが，だからといって「残して当然」ではありません。食べ物の命や関わってくださった人たちのことを考えながら，「次は今日よりもう少し食べよう」という気持ちをもたせます。(114〜121ページ「偏食・残滓を減らすアイデア」122〜129ページ「家庭と連携した偏食・マナー改善のアイデア」も参照してください)

3 後片づけの指導のポイント

ごみの処理の指導

ごみの処理の指導のポイント&アイデア

①給食ごみがちらかる理由

　給食にはごみがつきものです。パンや牛乳のストローが入っている袋，デザートのカップなど，必ずごみが出ます。給食後の昼休みには，床に給食ごみが散乱している教室を見かけます。なぜ，こうなってしまうのでしょうか。

　次の理由が考えられます。

・後片づけをしようと歩く時に，ごみが途中で落ちる
・ごみ箱に入れようとごみを放り投げ，入らずに床に落ちる

　ここから，ごみの処理の指導のポイントが見えてきます。

②ごみを1つにまとめる

　ストローやパンの袋は，そのままだとちょっとした風でおぼんの上から飛ばされてしまいます。そこで，次のようにします。

・ストローは袋から出さず，両側から出して使う
・パンの袋の中にストロー，ストローやジャムの袋などを入れて1つにまとめる
・デザートのカップ類は重ねる

③片づけのルートにごみ袋を設ける

食器を片づける配膳台からごみ箱が離れていると，ごみ箱まで行くのがめんどうだと思う子がごみを投げ入れようとします。配膳台に適度な大きさのビニール袋をテープで貼っておきます。食器を片づける流れの中でごみを入れるようにするのです。

ごみの処理の指導の具体例

①配膳時からの準備

配膳の時間に，ごみ捨て用のビニール袋を配膳台の隅にテープで貼っておきます。可能であれば大小の袋を用意しておき，パンやデザートがなくごみが少ない日は小さな袋，ごみが多い日は大きな袋にします。

②ストロー・パンの袋

ストローやその袋は，パンの袋に入れて結び，ごみ袋に入れます。パンがない日は，ストローやその袋はそのままごみ袋に入れます。(低学年など，ストローを入れると袋を結べない場合は別々でよいことにします)

③カップ類

デザートなどのカップは，ばらばらにごみ袋に入れるとかさばります。ごみ袋の手前に置き，順番に重ねていきます（班ごとに重ねてもよいです）。全員分を重ねてからごみ袋に入れます。

④果物の皮

果物の皮は，入ってきた食缶（またはビニール袋）に入れます。生ごみですから，教室のごみ箱には絶対に入れないようにします。

3 後片づけの指導のポイント

嘔吐物の処理

嘔吐物の処理のポイント&アイデア

①嘔吐物は迅速に処理する

　給食の時間に（給食以外にもありますが），子どもが嘔吐することがあります。その子がノロウイルスに感染していた場合，迅速に嘔吐物を処理しないと二次感染を起こします。

　嘔吐物の処理は教師が行い，子どもにはさせません。

②嘔吐物の処理セットを教室に常備する

　各教室に，嘔吐物を処理するためのグッズを常備しておきます。

　写真のように，バケツの中にひとまとめにして入れておくと持ち運びも楽です。バケツには，例えば以下のようなものを入れておきます。

- ・次亜塩素酸ナトリウム（塩素系漂白剤）　・使い捨て手袋（5組）
- ・希釈用スプレーボトル（随時，希釈液はつくる）
- ・吐物入れビニール袋（10枚）　・新聞紙（1日分）
- ・消毒用アルコール（噴射式。処理後の手指の消毒用）
- ・吐物処理の手順（ラミネート加工済）　・ペーパータオル

　嘔吐物にかけるとパウダーが水分を吸収し，サラサラ・パサパサの固形物にしてしまう処理剤もあります。においを残さず，固形物にするので処理も簡単です。各教室に1つあると便利です。

 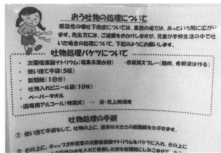

嘔吐物の処理の具体例

①処理の手順

- 使い捨て手袋をして，嘔吐物の上に新聞紙をかぶせる。
- バケツに次亜塩素酸ナトリウムの希釈液をつくる。
- 希釈液を染み込ませた新聞紙で，嘔吐物を包み込むようにしてとる。
  （パウダーがあれば，パウダーをかけてかためてからとりのぞく）
- すべての嘔吐物をビニール袋に入れる。
- 食器類の上に吐いた場合は，他の食器類と一緒にせず，洗って消毒してビニール袋に入れて調理場へもどす。
- さらに薄めた希釈液をペーパータオルに染み込ませて床や机を拭く。
- 使用済みの使い捨て手袋やペーパータオルをビニール袋に入れ，あらかじめ決められたごみ箱へ捨てる。（教室のごみ箱には入れない）
- すべての作業が終わったら，手洗いとうがいをする。
  （上記は一例です。それぞれの学校にあるマニュアルに沿って行ってください）

②子どもへの指導

　教師の不在時に子どもが嘔吐した場合は，「すぐに教師を呼びに行く」とともに，「嘔吐物に近寄らない」「むやみに騒ぎ立てない」ことを普段から指導しておきます。

3 後片づけの指導のポイント

歯みがき指導

歯みがき指導のポイント&アイデア

①全員一斉にみがく

　歯みがきは,後片づけとは関係がないように思えますが,ほとんどの学校では給食の後片づけのあとに歯みがきをしています。連続した時間帯であり,歯みがきにも指導するポイントがあるので,ここで扱います。

　まず,学級によって,歯みがきを全員一斉にやるか,早く食べ終わった子からやるか,という違いがあります。ばらばらに歯みがきをさせると,一人一人がきちんと歯みがきをしているかを把握することが難しくなります。また,中には歯みがきをしない子も出てきます。全員一斉にさせることで,全員がみがいていることやそのみがき方を確認することができます。

②歯みがきをする箇所

　多くの学校では,校内放送で歯みがきの歌を流します。約3分間流れるので,その間みがいていると3分間みがくことができます。

　音楽の歌詞に合わせてみがくと,みがき残しがありません。遅れて歯みがきをする子には,次の箇所をきちんとみがくようにさせます。(遅れる子のために,掲示しておくとよいでしょう)

・奥歯の噛み合わせ
・歯の表側
・奥歯の裏側
・前歯の裏側
※それぞれ,上下をみがきます

歯みがき指導の具体例

①姿勢よくみがく

歯みがきの時に，肘をついたり，横や後ろを向いたりしてみがいている子がいます。それではしっかりみがけません。前を向いて，姿勢よくみがくようにさせます。

②鉛筆の握り方でみがく

歯ブラシは，鉛筆の握り方で軽くみがきます。握り込んでみがくと，強くみがきすぎて歯肉を痛めてしまいます。鉛筆の握り方だと強くみがけないのでそれを防ぐことができます。

③小刻みに細かくみがく

広範囲をゴシゴシみがいても，歯垢はとれません。歯みがきは，一気に広範囲をみがくのではなく，小刻みに細かくみがくようにさせます。

④利き手と同じ側からみがく

右利きなら右側，左利きなら左側からみがき始めるようにさせます。それは，利き手側の歯がみがきにくいからです。特に，下側の裏側がみがきにくいので，そこから始めます。歯みがきをしている子どもたちは，1分もすると集中力が落ちてきます。ぼーっと考えごとをしながらみがくので，後半にみがきにくい箇所を残していると，いいかげんにみがいてしまうのです。（ただし，歯みがきの歌の歌詞に左右の指示もあれば，子どもが混乱するのでそれにしたがいます）

(辻川　和彦)

コラム

アレルギーと宗教に配慮した給食

　栃木県高根沢町内の小・中学校8校では，2016年から年2回，すべての児童生徒が給食を食べられる「ハートカレーの日」を設けています。「すべての児童生徒」とは，食物アレルギーのある子や特定の宗教の子です。

　2018年7月20日のハートカレーは「夏野菜のカレー」。食材は地元産のジャガイモ，ニンジン，タマネギにズッキーニ。油は菜種油。小麦粉，卵，乳製品など，アレルゲンとなる27品目の食品をすべて排除しているため，アレルギーのある子も安心して食べられます。牛乳のかわりには，パックの緑茶を使用しているそうです。

　また，イスラム教では豚肉を食べることはタブーのため，このカレーでは肉も使わず，宗教や文化も考慮したカレーになっています。

　もともと，町では2009年に「ハートごはん条例」が制定されています。「家庭では家族一緒に，学校では友だちと一緒に食べる喜びを味わう」という条文があり，町の教育長が「同じ釜の飯を食べる喜びを感じられる給食を」と町給食センターに要請したそうです。

　　　　　　　　　（「ハートカレー，みんな一緒に　アレルギーや宗教配慮
　　　　　　高根沢町の学校給食で提供」『下野新聞』2018年8月12日）

　外国からの転入生や食物アレルギーのある子が増えている昨今，このような配慮のある給食は保護者もうれしいでしょう。毎日とは言いませんが，このような給食が全国的にも広がり，多くの子どもが安心して給食を食べられるようになってほしいと思います。

第 3 章

学年別給食指導のポイント

1・2年生の給食指導の
ポイント

1・2年生の給食指導のポイント&アイデア

①低学年の特徴を生かして

「急いで朝の準備をしましょう」

「時計を見て行動しましょう」

低学年の担任になると,様々な場面で,「急いで〜」「時計を見て〜」という言葉を多く使うようになります。

それは,低学年の子どもたちに以下のような特徴があるからです。

> ・慣れるまでに時間がかかる
> ・周りのことまで考えられず,自分中心の行動をしてしまう
> ・2つのことを同時に意識することが難しい

「学校に慣れる・知る時期」にある低学年の子どもたちへの指導のポイントは,特徴を生かした手立てを講じることです。給食指導もその1つです。

特徴を生かした手立てを工夫して,確実に基礎・基本を身につけさせましょう。

1・2年生の給食指導の具体例

①上級生の素敵な姿

入学したばかりの1年生に,初めての給食指導をする場合,どのように進めるとよいでしょうか。

4時間目の途中から給食の時間にして,その場で説明をしながら進める方

法はどうでしょうか。食べる頃には，すっかり給食が冷めてしまいます。

　学級活動や生活科の時間に，手順を板書して説明をする方法はどうでしょうか。1年生は，「給食の時間」をまったく知りません。言葉の説明だけでは，子どもたちは，何をどのようにすればよいのか，想像することができません。

　そこで，次のように，初めての給食指導を進めます。

　まず，給食が始まる日の1時間を給食指導に位置づけます。そして，授業の導入で，上級生の給食の様子を映像で見せるのです。1年生の給食は，他の学年より，1週間ほどあとから始まります。新年度が始まってからでも十分，ビデオ撮影を依頼することは可能です。撮影を依頼された上級生は，1年生の手本になるので，はりきって素敵な姿を見せてくれることでしょう。

　ビデオは，1回だけでなく，4回，見せるようにします。

　1回目は，音を消して，映像だけを流します。

　2回目は，「あとで，何をしている人がいたか聞きます」と言って，音を消して映像だけを流します。その後，子どもたちに意見を発表させます。

　3回目は，「何をしている人がいたか」を確認するために流します。この時，給食当番の仕事がよくわかるように，活動ごとに映像を停止して説明をします。

　4回目は，「どんな音が聞こえるでしょうか」と言って，音と映像を流します。1年生は，いろいろな話し声が聞こえることを予想しながら映像を見るでしょう。しかし，上級生からはむだな声は聞こえないのです。予想とのギャップによって，1年生の心に「むだなおしゃべりをしてはいけないんだ」という大切な視点が残るのです。

　最後は，「給食ごっこ」をします。給食があるつもりで，机を動かしたり，給食着やマスクを身につけたりするなど，給食の時間を一通り行います。手本となる映像や「給食ごっこ」によって，子どもたちは給食の時間の全体を把握することができます。そのため，初めての給食を，子どもも教師も気持ちに余裕をもって進めることができるのです。

②活動の細分化

　子どもたちに全体の流れを把握させることができたら，時間内に給食を終えることができるように，時間を意識させる指導をします。

　子どもたちは，給食の時間の中で，食べること以外にたくさんの活動をしなければなりません。

　低学年の子どもの特徴からすると，手立てがなければ，時間内に一連の活動を終えることは不可能なのです。

【タイムスケジュールの例】
①	12：30～12：45	配膳の準備・配膳
②	12：45	「いただきます」
③	12：55	もぐもぐタイム
		かりかりタイム
		おかわり終わり
④	1：05～1：10	食器・食缶片づけ
		配膳室へ片づけ
⑤	1：10～1：15	歯みがきタイム
⑥	1：15～1：20	読書
⑦	1：20	「ごちそうさま」

　そこで，学校の日課表のように，給食の時間の流れがわかる表を作成します。ここで大切なことは，子どもの能力に応じて活動内容を精選し，時間配分をすることです。つまり，子どもができる内容で，計画を立てることです。

　2年生になると，1つ1つの活動に慣れてくるので，子どもたちと一緒に，時間配分や活動内容を見直してみるのもよいでしょう。

　「タイムスケジュール」を提示したあとは，子どもが「タイムスケジュール」を守ることの必要性を感じるように，以下のように話をします。

　「給食の時間は，友達と話しながら，ゆっくりと食べたい人？」。子どもたちのほとんどが賛成するでしょう。「給食のあとは，休み時間だから，ゆっくり片づければいいのにね。なぜ，わざわざ，片づける時間が全校で決まっているのかな」と質問をします。しばらくして，1枚の写真を「タイムスケジュール」の隣に提示します。給食委員会の子と配膳員さんが，全校の給食の片づけをしている写真です。「給食は，配膳室まで運んだら『終わり』ではなくて，そのあと片づける人がいるんだよね。だから，自分たちの都合でゆっくり食べたり，片づけたりしてはだめなんだよね。みんなで時間を守ろうね」と言って話を終えます。

③時間の見える化

　時間の流れは，目に見えません。目に見えないことで，時間に合わせて動くことが苦手な子がいます。

　そこで，右のようなデジタル時計を活用します。アラーム機能がついているので，子どもは，残りの時間を数字で把握することができます。見えない時間の流れを数字で捉えさせることができるのです。

　実際に，配膳の準備が苦手だった学級が，この時計を活用することで，配膳時間を縮めることができました。

④もぐもぐタイム＆かりかりタイム

　低学年の子は，配膳された給食を決められた時間までに食べ終えることが苦手です。理由は２つあります。

　１つ目は，学校と家庭の食事のスタイルが違うことです。食事の量，食器，箸，すべてが違います。低学年の子は「違い」に適応することが難しいのです。

　２つ目は，低学年の子は同時に２つのことを意識することが難しいことです。友達との会話に夢中になると，つい食べることを忘れてしまうのです。

　そこで，「もぐもぐタイム＆かりかりタイム」を設定します。

　もぐもぐタイムは，食べることに集中する時間です。この時間は，机を班の形から個人の形に変えさせ，１人で静かに食べさせるようにします。かりかりタイムは，食器の中のちらばっているごはんを集める時間です。ごはんつぶがちらばっていると，それをとるために時間がかかるからです。

　本来なら，子どもたちが自分の力で，会話をしながら食べたり，ごはんつぶを集めたりして，時間の調節をすることが望ましいのですが，低学年の子はできません。低学年の指導で大切なことは，子どもたちができないことをできるように「場の設定」と「練習」を意図的に仕組むことです。

（猪飼　博子）

3・4年生の給食指導の
ポイント

3・4年生の給食指導のポイント&アイデア

　3・4年生は，小学校の中でもっともやる気に満ちた活動的な学年です。ギャングエイジとも呼ばれ，子ども集団を形成し，自分たちだけの社会を共有し始めます。3・4年生は中学年とひとくくりにされますが，3年生と4年生では子どもの姿に違いがあります。

　3年生は，小学生でもっともやんちゃな時期です。この頃になると，ルールやきまりといった約束事に敏感になってきます。給食では，配られたおかずの量の多少についてトラブルも出てきます。「同じ量」で「平等に」を主張します。正義感いっぱいです。しかし，その正義感も逆に友達とのトラブルのきっかけになりがちです。

　4年生になると，自分の周囲へも目が行き届くようになり，社会への広がりが出てきます。やらなくてはいけない仕事に対しても力を入れて取り組むようになります。仲間同士助け合いながら仕事に取り組むようになりますが，一方で教師を寄せつけないという面をもっています。

　こんな時期における3・4年生の給食指導のポイントとアイデアを紹介します。

①「やる気」を活用する

　3・4年生は「やる気」がいっぱいです。「やる気」のかたまりと言ってもよいくらいです。その「やる気」を生かすことがポイントです。

　例えば給食当番は，だれかがやらなくてはいけない当番活動です。ですから，新学期に先生があらかじめ当番の順番や役割などを決めてしまい，子ど

もをあてはめていくことでスムーズに給食の時間に入ることができます。しかし，これでは子どもたちのやる気は生かされません。もしも1・2年生の時に十分に給食当番に慣れていたり，落ちついた学年であったりするならば，子どもたちのやる気を生かしてみましょう。

具体的には次のような言葉かけを行って子どもの能動性を活用します。

「給食当番だけど，自分たちでどんな順番でやるか相談できるかな？」

「給食を配る時に先生が手伝おうか？　それとも自分たちだけでできる？どうする？」

「片づけも手伝おうか？　それとも自分たちだけでできる？」

もちろん先生はそばにいて寄り添って見てあげます。何かあった時にすぐに対応すればよいのですが，できるだけ子どもの自立の芽を摘まないようにしていきます。

②チームワークを活用する

3・4年生になると集団の意識が高まります。「みんなで」と考えるのがこの時期の指導のポイントになります。チームワークを意識させて学級のみんなで取り組むようにします。もちろん給食当番もみんなで協力して取り組む活動として意識させます。

また，給食中のおかわりの約束や食べ終わってからのきまりなどは，ほうっておくと影響力の強い子どもが勝手にルールを決め始めます。そうならないようにどんな約束やきまりであってもみんなで共通して「みんなの約束」「みんなのきまり」を意識させていきます。

例えば，給食当番の活動も上手にできているかどうかを「みんなで協力してできているかどうか」で評価します。

③ていねいさを大切にする

　3・4年生になると，ほとんどのことが自分1人の力でできるようになります。1・2年生に比べて時間も早くできるようになります。そのかわり，だんだん行動が雑になっていきます。

　例えば，配膳台や机を拭く時にささっと拭いてしまったり，給食の食器を配る時に乱雑に置いてしまったりします。また，給食当番が配り終えたあとや食器を教室から持って行ったあと，教室の床におかずが落ちたままになるなどします。さらに，片づけの際には，食器をきちんと並べて片づけていなかったり，机の周りにストローやマーガリンの袋の切れ端などが落ちていたりします。

　給食当番の仕事への取り組みや，一人一人の片づけ方について，ていねいに取り組むように意識させることが大切です。

3・4年生の給食指導の具体例

①できることは任せる

　1・2年生の時，給食当番は先生も一緒に手伝っていたことが多いはずです。そこで，新学期，給食当番を決めたあとに子どもたちに聞きます。

　「給食を盛りつけたり，配ったりすることって自分たちでできるかな？　先生が手伝わなくても大丈夫かな？」

　3・4年生の子どもたちなら，はりきって「大丈夫です！」「自分たちでできます！」と言うことでしょう。

　「だったら，みんなに任せてみようかな。先生はみんなが上手にできるかどうか楽しみにしているね」

　このようなやりとりのあと，実際の給食の様子を見守ります。

　そして，上手にできたことを確認して次のようにほめます。

　「さすが！　3年生（4年生）だね。みんなで協力してできるじゃない！」
　「明日からもできるかな？」

　子どもたちは「もちろん！」と胸をはって答えるに違いありません。

ポイントは,

> 子どもたちでできることは子どもたちに任せる

ことです。

　給食の配膳にかぎらず，給食を持ってきたり片づけたりする時にも，子どもたちでできることは任せます。自分たちでできるんだという意識をもち始めると，給食だけでなく，様々な学級の活動でも自分たちでできることは先生に頼らなくてもやるようになっていきます。もちろん，任せっぱなしではなく，きちんとていねいに取り組んでいるかどうかについてはチェックしなくてはいけません。

②子どもとともに考える

　自分たちだけで給食当番を行っていると，途中でいろいろなトラブルが出てきます。例えば，「先生！　〇〇さんの給食の準備が遅いです」「お昼の放送中なのにおしゃべりしてきて困ります」「給食を食べるのが遅い人がいて，片づけに時間がかかります」といったことを言いにきます。

　そんな時には，「う〜ん，困ったね。どうしたらいいかな？」と子どもに一度問い返してあげます。子どもの方から「こうした方がいい」という解決策が出てくれば，それを学級全員に投げかけ，みんなの約束として，学級全員で共有しましょう。自分たちで決めたこととなると，約束は守られやすくなります。

（広山　隆行）

5・6年生の給食指導の
ポイント

5・6年生の給食指導のポイント&アイデア

①数値目標できまりを示そう

　1年間の給食の回数は約200回。4年生までで約800回経験しているわけです。800回行って,身につかない習慣はないはずです。本来は何も言わなくても準備から片づけまでできるはずです。しかも,給食当番の人数や役割,活動内容など,ほぼ見通しがついています。前学年までの指導とのずれはあっても,5・6年生の子どもたちには給食のイメージはできあがっています。「800回もやっていることはできるはず」と自覚を促したいものです。

　ところが,スムーズに準備できるクラスもあれば,とても時間がかかるクラスもあります。廊下に並ぶのに時間がかかる,私語ばかりで落ちつかないなど,学級経営の問題がクローズアップされますが,経験上,準備に時間がかかるクラスは,食べることにも時間がかかり,昼休みになってもダラダラと食べていることが多いです。「12時40分までに配り終える」「12分で配り終える」など,数値目標できまりを示しましょう。

②システムを整えよう

　数値目標を示したら,早いうちに達成感を味わわせましょう。1・2年生は,よい意味での競争心があって,さらに上をめざしていきますが,5・6年生になると,「そんなの無理」と思うと,一生懸命取り組まないことがあります。

　掃除と同様に,給食も子どもたちが進んで活動できるシステムを整える必要があります。特に「効率よく準備できるか」は大切な視点です。

給食当番分担表で、だれが、何を行うのかをはっきりさせておきましょう。

ローテーションについては、1週間交代が多いでしょう。掃除の場合は場所によってやり方が大きく違いますが、給食はほぼ同じ場所です。システムの構築がうまく行われているかどうかを見極めて、

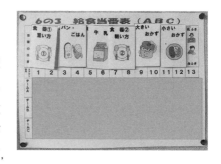

ローテーション期間を考えましょう。もちろん公平が原則です。「いつも私は牛乳当番」とならないように配慮しましょう。

③仕事を進んで見つけさせよう

「並んで自分の分をとる」クラスと「当番が配るのを待つ」クラスがあります。「並んで自分の分をとる」長所は全員が動くことです。当番は配る人、それ以外は何もしない人にはなりません。短所は長い列ができる可能性があることです。

「当番が配るのを待つ」場合は、列はできませんが、全員が動かないというリスクがあります。

どちらにしても「協力」がキーワードです。給食当番でも、ごはんやおかず担当の子どもと、牛乳担当の子どもでは仕事量や時間が違います。ごはんやおかず

担当は最後まで役目が続きます。牛乳担当は配ってしまえば終わりになります。「もう終わり」と考えるか、「次にすることは」と考えるかによって、大きな差がつきます。食器を並べる、給食着をたたんで給食袋に入れる、まだごはんがきていないところは立っておく、など、自分たちで進んで仕事を見つけさせるようにしていきましょう。

④食事のマナーを身につけさせよう

　5・6年生だからマナーは身についているはず，と思わず，年度はじめにきちんと食事のマナーの指導をしましょう。

　最近では，一家そろって夕食，というわけではない家庭も増えています。食事のマナーを教える場として，給食が占める割合が高くなっています。食事のマナーが給食目標になっている場合もあります。機会を捉えて指導しましょう。

　大きな声で話す，立ち歩く，ということが給食だけなのか，授業中も問題になっているのか，見極める必要があります。

　給食の時間は，子どもたちにとってリラックスできる時間です。子どもたちが楽しく食べられるような工夫をしましょう。

　教師にとっても，子どもたちとより仲良くなるチャンスです。グループを交代でまわって，子どもたちと会話をしましょう。「今日はこの子とはあまり話してないな」そんな子どもとふれあえるよい機会が給食です。

　グループで席をくっつけて食べる学級も多いでしょう。楽しい話で盛り上がります。ただ，この場合にかぎらず「机と机の間」に気をつけておきましょう。意図的に机と机の間に隙間をつくったり，段差をつけたりする場合があります。隣の人と仲がよくない，男子と女子がくっつくのが嫌など，人権問題につながることがあります。また，友人関係のこじれやいじめ問題につながる場合もあります。5・6年生では，時に「仲間はずれにしよう」という呼びかけが見えないところで起きていて，陰湿な人間関係が，机の配置に表れることがあります。

⑤家庭科とリンクさせよう

5年生から家庭科の学習が始まります。

栄養素の学習が始まります。バランスよく食べることの大切さを，家庭科の学習とリンクさせながら指導していきます。栄養教諭（学校栄養職員）にインタビューしたり，直接給食の場でお話をしてもらったりすることもよいですね。

その日の給食の献立・食材は，給食室に掲示されていたり，給食だよりに書いてあったりします。給食委員会の子どもたちを活躍させるなどの工夫をして，バランスよく食べることの大切さを考える機会を確保しましょう。食事のマナーも，家庭科での学習とのリンクが大切になります。

⑥ルールを決めておこう

食べる分量の調整，おかわりのルールなどは，しっかり決めておきましょう。「残食0」はめざしたい目標ですが，強要はしすぎない方がよいでしょう。偏食・小食の子どもには，嫌いな食べ物も少しは食べるように促しましょう。肥満気味の子どもがいる場合には，養護教諭とも連携して「ゆっくりと食べようね」などの声かけをやさしくしましょう。

5・6年生になると，周りの目が気になってあまり給食を食べない子どもが出てきます。経験上，女子の多くがおかわりをすることは，学級経営がうまくいっているサインと考えてよいでしょう。残食がとても多い場合は，給食だけでなく，学級経営上の問題がないか，見つめ直すことが重要となります。

給食を食べ終わったあとのルールも決めておきましょう。早く食べ終わった子どもには身のまわりの片づけをさせるなどの指示をしておかないと，騒ぐ，大声を出す子どもが出てしまいます。数分ですが，大切にしたい時間です。

（笹原　信二）

交流給食・ふれあい給食のポイント（給食週間）

交流給食・ふれあい給食のポイント＆アイデア

　給食週間には，交流給食やふれあい給食が計画される場合があります。（給食週間以外に計画している学校もあるでしょう）
　地域の方や保護者など，外部の方を招待して行う場合と，交流学級や学年内など，校内の子どもたち同士が交流する場合があります。

①外部の方を招待する場合

　竹とんぼやお手玉づくり，花のお世話など，生活科やクラブ活動などでお世話になる地域の方，学年・クラスの保護者の方など，外部の方を招待する場合があります。だれに，何のためにきていただくのか，相手意識と目的意識をはっきりさせましょう。

　「お世話になっている地域の方へ」「お母さんへ」という相手意識と，「感謝を伝える」という目的意識をもたせます。
　まずは，アポイントメントをとります。可能ならば，子どもたちが直接，招待する方の家に行って，お手紙を渡すのもよいでしょう。
　招待する方のプロフィールを知っておくと話が進みます。好きな食べ物や歌を聞いておくと，話題ができますし，クイズをつくることもできます。
　日にちが決まったら，当日のグループ編成や内容を計画します。直接お世話になっている方とグループを組む方がよいでしょう。

雰囲気づくりに取り組むのもよいですね。季節を感じさせるもの，地域を感じさせるものなどがあれば，有効に掲示したり，展示したりしておくと，話題が増えます。

　ふれあい活動や授業参観後に交流給食を行うのも効果的です。ふれあい活動で習ったことで，もっと聞いてみたいことがすぐに聞けますし，感謝を伝えることができます。何度も学校に足を運んでいただかなくてもよいというメリットもあります。

　進行はできるだけ子どもたちに行わせ，教師は状況を見ながらアドバイスするくらいの立場で行います。参加してくださる地域の方は話好き，子ども好きな方が多いです。内容はあまり盛りだくさんにしなくても，話で盛り上がることが多いです。簡単なクイズや歌を取り入れるくらいでよいでしょう。

　実施したあと，お礼の手紙を必ず書かせます。体験してためになったことや感謝の気持ちを，しっかり表現させましょう。

　寄せ書きやはがき新聞などでお礼を書くのもよいです。交流の際の写真などがあれば，添えておくと，だれからもらったかもわかって効果的です。

　保護者の場合は，インタビュー形式で感想を書かせると，国語や総合的な学習の時間と関連してよいでしょう。

②校内の子どもたち同士が交流する場合

　縦割り班活動を行っている学校や兄弟学級を組んでいる学校では，全校一斉に交流給食が行われる場合があります。また，クラスをいくつかに分けて学年で交流する場合もあります。

　大切な交流の場ですが，実施する上でいくつか課題があります。

　食物アレルギーがあり，除去食が必要な子どもがいる場合は気をつけなければなりません。まずは，教師間で情報を共有しておくことです。食物アレルギーのある子どもは，できれば，担任がいる教室で食べさせましょう。

　次に食事の量です。全校一斉で実施する場合，1年生と6年生では食べる量やパンの大きさが違うので，先に自分の教室で準備してから持って行く方がよいでしょう。大規模校では，移動が大変です。計画をしっかり立てて，安全面にも気をつけましょう。ランチルームがある学校では，数クラスが合同で交流することも可能です。

　進行は6年生に任せて，リーダーになる喜びと責任を感じさせましょう。異学年同士の場合，最初のうちは話題が見つからないことがあります。教師は様子を見ながら，適切なアドバイスをしていきましょう。可能であれば，栄養教諭や給食の先生からの話も入れると，交流がより有意義なものになります。

　なお，交流給食やふれあい給食は，感染症の心配がある季節は避け，衛生面の管理をきちんと行うことは言うまでもなく大切にすべきことです。

給食の先生方への感謝が，より高まる給食

　交流をする給食で，さらに楽しみが増える給食の例を2つ紹介します。よりいっそう給食の先生への感謝が高まります。

①リクエスト給食

　子どもたちの好きなメニューのアンケートをとり，その献立を実現していただけるすばらしい給食です。

　人気だと予想される「カレー」や「スパゲッティ」だけではなく，意外と「かみかみサラダ」とか，地域の献立（熊本ではタイピーエンなど）が人気があることもあります。学級ごとに違うのもおもしろいです。

②バイキング給食

　からあげやデザートなどを，子どもたちが自分でとっていく形のすばらしい給食です。

　「バイキング」というと，子どもたちは「食べ放題」と思いがちです。大好きなメニューの数々に子どもたちはついつい大はしゃぎしてしまいます。

　卒業前の給食の先生からのプレゼント給食で行われることが多いと思います。食事の量やマナーに気をつけることの大切さと，給食の先生方へのよりいっそうの感謝を味わわせるようにしましょう。

（笹原　信二）

交流給食・ふれあい給食の
ポイント（異学年同士）

交流給食・ふれあい給食のポイント&アイデア

①交流給食・ふれあい給食の目標をしっかりもつ

　ただ異学年同士で給食を一緒に食べればよいというのではなく，まずは，目標をしっかりもって給食を食べるようにさせることが大切です。

　異学年同士で交流給食やふれあい給食を行う目標としては，以下のようなことがあげられます。

　まずは，上学年です。

---

❶集団をまとめようとする責任感
❷下学年から頼られることでの自己有用感
❸下学年の見本となるようにする意欲や努力
❹思いやりの育成
❺問題解決力の育成

次に下学年です。

---

❶上学年に学ぼうとする意欲
❷自分の役割を果たし，みんなで活動しようとする態度
❸よきモデルになろうとする意欲

　一緒に給食を食べる前に，このような目標を子どもたちにもたせておきます。目標をもったら，必ずふり返りも行います。給食が終わったら，自分た

ちが立てた目標が達成できたかどうかや，次回への改善点などを話し合うようにします。

②交流給食・ふれあい給食の仕方を考える
❶時間確保
　学期に1回や月1回など，定期的に機会を確保するようにします。また，行事とタイアップさせる方法もあります。例えば，1年生を迎える会や全校遠足や6年生を送る会などです。学校全体の年間予定を作成する際に前もって入れておくようにします。

❷形態の工夫
　どのような組み合わせで給食を食べるのかも考えます。縦割り班で食べる，6年生と1年生などのように学年でペアを組んで食べる，色別で食べるなど，いろいろなグループが考えられます。
　どの形態にするかは，学校の実態を考えて無理のないものを選ぶようにします。

❸場所の確保
　校舎内のどこで食べるのかを考えることも必要です。ランチルームや普通教室だけではなく，時には，理科室や家庭科室や多目的室で食べるのもおもしろいです。縦割り班で食べる時などは，校長室で校長先生と一緒に食べるようにすると，すごく盛り上がります。
　ただし，最近は衛生面の指導が厳しく，食べる場所が制限されている学校もあります。管理職や給食担当などによく確認してから計画を立てるようにしましょう。

❹配膳の仕方
　上学年が下学年の配膳をしてあげる，下学年に上学年が指導しながら配膳

をする，上学年と下学年が一緒に配膳するなど，配膳の仕方もいろいろ工夫できます。6年生を送る会とタイアップさせた時などは，下学年が6年生のために配膳してあげると，6年生に感謝の気持ちが伝わります。

❺給食時を楽しくする方法

　給食を一緒に食べる時も，ただ一緒に食べるだけではおもしろくありません。お互いの交流が生まれるような仕掛けが必要です。

　例えば，サイコロトークをしたり，好きな給食メニューをあてっこしたり，栄養素が含まれる食べ物をその日の給食から探したりするなど，いろいろなアイデアを出します。こういったアイデアを教師が考えるのではなく，上学年に前もって計画させておくのもよいでしょう。

❻給食後を楽しくする方法

　給食を食べ終わったら，一緒に食べた仲間で遊びます。鬼遊びやドッジボールやサッカーなど，運動場や体育館を使った運動遊びをしたり，カルタやトランプや読み聞かせなど，室内を使った遊びをしたりするなど，いろいろな工夫が考えられます。

　これも，上学年に計画させると子どもらしいアイデアを出して楽しむことができます。

交流給食・ふれあい給食の具体例

　かつて勤務していた学校には，学期ごとに1回，交流給食がありました。
　1学期は，学年団で食べます。同じ学年同士の絆を築くためです。
　2学期は，縦割り班で食べます。異学年との交流を図るためです。
　3学期は，縦割り班ごとではありますが，下学年が6年生のお世話をします。
　こうやって，3回とも，ねらいを変えて行いました。
　次に2学期に行った交流給食を紹介します。

まずは，下表の場所で，縦割り班ごとに給食を食べました。給食といっても，その日は，各自弁当を持ってきていました。

　給食時には，6年生が中心となって，会食前のあいさつをしたあとに，サイコロトークをしたり，下学年にインタビューをしたりして，楽しい雰囲気をつくりました。

　食事後は，別の6年生が，給食中の様子の評価をまぜながら，ごちそうさまのあいさつをしました。

　そして，給食後の昼休みには，下表の場所にて，縦割り班ごとで一緒に遊びました。あらかじめ6年生が遊びの計画と準備を行い，当日を迎えました。しっかり遊んで交流を深めた班がたくさんありました。

第2回　縦割り班遊び計画

縦割り班	遊びの内容	場所	弁当の場所	担当
赤1	パチパチハンカチゲーム	理科室	理科室	
赤2	ころがしドッジ	運動場東	体育館	
赤3	ヒヨコ1週間	多目的東	2年2組	
赤4	鬼ごっこ	倉庫付近	3年2組	
赤5	ドッジボール	運動場東	多目的東	
赤6	ラッキーポートボール	運動場東	6年2組	
白1	ラッキーポートボール	運動場東	4年1組	
白2	椅子取りゲーム	図工室	体育館	
白3	ころがしドッジ	運動場東	図工室西	
白4	ドッジボール	運動場東	5年1組	
白5	ドッジボール	運動場東	1年2組	
白6	氷鬼	砂場付近	図工室東	
青1	ドッジボール	運動場西	5年2組	
青2	鬼ごっこ	ブランコ付近	家庭科室	
青3	ヒヨコ1週間	多目的西	多目的西	
青4	ケイドロ	総合遊具付近	1年1組	
青5	ドッジボール	運動場西	3年1組	
青6	ドッジボール	運動場西	体育館	
黄1	くる紙テープ	6年1組	6年1組	
黄2	ドッジボール	運動場西	4年2組	
黄3	ハンカチ落とし	2年1組	2年1組	
黄4	ハンカチ落とし	体育館	体育館	
黄5	しりとり	音楽室	体育館	
黄6	ケイドロ	1・2年教室前付近	体育館	

（髙本　英樹）

コラム

全国学校給食週間

　学校給食は1889年に山形県で始まり，各地に広がっていきましたが，戦争の影響で中断されていました。

　1945年8月の終戦後，日本は未曾有の食糧難に見舞われ，集団疎開していた子どもたちが廃墟の東京にもどってきましたが食べるものがありませんでした。翌年来日し，子どもたちの栄養失調におどろいた国際連合救済復興機関代表は，GHQ（連合国総司令部）のマッカーサー元帥に学校給食の速やかな実施を進言しました。しかし，子どもたちにまわす食糧は乏しく，難航していたのですが，1946年11月にアメリカのLARA（Licensed Agencies for Relief in Asia：アジア救援公認団体）より給食用物資の寄贈を受け，また，米軍からの食糧の提供もあり，学校給食開始の目処が立ちました。

　1946年12月24日には，東京都内の小学校でLARAからの給食用物資の贈呈式が行われ，翌年1月から学校給食が再開されました。贈呈式のあった12月24日は「学校給食感謝の日」として，その後数年間，全国的に感謝の行事が行われました。そして1950年度から，冬季休業と重ならない1月24日～1月30日の1週間を「学校給食週間」とすることになったのです。

　LARAの他にも，初期の学校給食は米軍放出食糧，ユニセフ寄贈ミルク，ガリオア資金（占領地救済資金）など，多くの援助と関係者の努力があって実現し継続されてきました。戦後の日本に，アメリカをはじめとする各国からの支援があって学校給食が成り立ったのです。

参考文献：『「アメリカ小麦戦略」と日本人の食生活』鈴木猛夫著，藤原書店，2003年

第 **4** 章
給食指導を さらに円滑にする アイデア

1 給食の時間を楽しくするアイデア
特別感や楽しさが増す演出をするアイデア

高級レストラン風に雰囲気を変える

　班ごとに机を合わせて,真ん中に花を飾ります。各個人の机にはランチョンマットを敷きます。こうするだけでも,教室に高級レストランの雰囲気がただよいます。

　「みんなで,教室をもっと,高級レストランにしようよ」と呼びかけると,子どもはいろいろなアイデアを考えます。

　「今日の献立をメニューに書き換えたら?」「水もいるよ。水筒のお茶をかわりに飲もうよ。コップは紙コップを使おうよ」「入口に看板を立てたら?」「教室に輪飾りをつけたり,リースを飾ったりするのもいいね」「BGMを流そうよ」

　こうやって,みんなで雰囲気を変えて給食を食べるようにすれば,気持ちもわくわくしてきます。

サイコロトークをする

　各班にサイコロを用意させ,1が出たら「昨日見たテレビ番組」,2が出たら「今日の給食で一番のまいう～」,3が出たら「最近はまっていること」,4が出たら「今日の中で一番のニュース」,5が出たら「最近読んだ本の紹介」,6が出たら「家族の笑い話」などとトークメニューに沿っておしゃべ

りを楽しみます。

　だれかがサイコロを転がして，全員が同じトークメニューについて話してもよいし，個人個人でサイコロを転がして，それぞれが出た目のトークメニューについて話してもよいでしょう。

　トークメニューは，係の子どもに毎日，考えさせます。いろいろなアイデアが出ておもしろいです。「家の中にへそくりがあるかないか」なんていう危険なトークメニューも登場します。

　盛り上がるあまり，はしゃぐ声が大きくなりすぎたり，だれかを悲しい思いにさせるトークメニューをつくったりすることがないように配慮します。学校によっては，おしゃべりをせずに食事をすることがルールになっている場合もあります。よくたしかめてから実行しましょう。

一緒に食べるメンバーを変える

　だれと一緒に食べるのかも楽しみに1つになります。

　「今日は同じ誕生月の人で食べます」「同じ星座の人で食べます」「同じ血液型の人で食べます」「好きな色が同じ人で食べます」など，いろいろなバリエーションを考えて，給食の準備の時に発表します。何にするかを決める係をつくっておくと，教師が考えなくてもすみます。

「○○先生と給食を食べられる券」を発行する

　何かを達成した時のごほうびに用意しておきます。校長先生や教頭先生や養護の先生など，該当の先生には事前に許可を得ておきます。

　時間がきたら，券をもらった子だけが，その先生の部屋で給食を一緒に食べます。もしくは，先生に教室へお越しいただき，隣で食べていただくという方法もあります。

（高本　英樹）

1 給食の時間を楽しくするアイデア
おもしろクイズなどを行うアイデア

食べ物をクイズ化する

　これからの教育では3つの「ション」が大切だと言われます。「コミュニケーション」「イノベーション」そして「モチベーション」。同じことでも「テスト勉強をします」より,「クイズ大会をしよう」の方がモチベーションが大きく上がります。

　「食べ物に関するクイズをしよう」。なぞなぞから難しいものまで,様々な問題ができます。ポイントをつけて対抗戦にすると盛り上がります。

　問題例をあげておきます。○×クイズから,なぞなぞ,3択,正解がよくわからないものまでありますよ。

1　世界中でもっとも収穫量の多い果物はオレンジである。○か×か？
2　食べ放題の「バイキング」は日本語である。○か×か？
3　日本で最初に紹介されたカレーのレシピの具にはカエルが入っていた。○か×か？
4　キャベツ・キュウリ・タマネギの年齢は？（なぞなぞ）
5　暑がりの魚ってなあに？（なぞなぞ）
6　お茶碗一杯のごはんには,ごはんつぶが何つぶくらいある？
　　①約800　②約1600　③約3200
7　次のうち一番足の数が多いのは？
　　①タコ　②イセエビ　③ウシ
8　サケの卵は何という？
　　①タラコ　②イクラ　③キャビア
9　実はロシア語の,寿司にかかせない食材は？
　　①イカ　②マグロ　③イクラ
10　先生の好きな献立は？

正解は，1：×（バナナ）　2：○　3：○　4：やさい（や歳）　5：アジ　6：③　7：②　8：②　9：③　10：あげぱん

　給食室の近くには，食に関する掲示がたくさんあります。その中には給食主任や給食委員会がつくったクイズもあります。これを話題にするのもおもしろいです。

　右の問題は「何を売っているのか？」です。答えは「あまざけ」。正解を見たあと，高学年では「時代はいつだろう？」「いくらくらいするのかな？」「酒なのに子どもが飲めるのはどうして？」など，新しいハテナをつくり出させるのも楽しいです。

季節感を味わわせる

　「春の七草」「ちまき」など，給食では季節を感じさせる食材が出てきます。ところが，例えば「桃の花」を実際に見たことがある子どもは少ないです。実物を入手できるならば，できるだけ味わわせます。「秋の七草はすでに五草（キキョウとフジバカマはレッドリストに入っている）」。こんな話をすると盛り上がることでしょう。

旅行気分にする

　私の地域では1か月に1回「食育の日」（呼び方は地域によって異なる）があります。その前後に「味の旅」給食が組まれます。特集された地域の食材を使った給食の献立はネタにするチャンスです。都道府県内の地域なら「おじいちゃん，おばあちゃんがいる」「夏休みに遊びに行った」などの経験から話をふくらませることができます。他の都道府県なら，社会科の学習と組み合わせたり，教師が紹介したりして，ちょっとした旅行気分にすると，給食が楽しくなります。

（笹原　信二）

1 給食の時間を楽しくするアイデア

何気ないところに
ひと手間かけるアイデア

つい，言いたくなる（!?）「給食当番」表にする

　多くの小学校では，「給食当番」のグループを決め，週替わりで配膳や片づけを行っていることでしょう。私も，現在33人学級（5年生）なので，11人の3グループに分けて，給食当番の活動をさせています。ここまでは，先生方がこれまでにされてきたことと同様だと思います。

　私が，給食当番表をつくるにあたり，気合いを入れ，変にこだわって（!?）いるところは「グループ名」です。これまでに出会った当番表は，「1班，2班……」や「A班，B班，……」と聞き慣れた名前の学級が多いのです。子どもたちが当番表を見ても，見流してしまうような，どこにでもある名前では，楽しさを生み出しません。子どもたちの目にとまり，声に出して言いたくなるようなグループ名をつけましょう。

　右が，私が名づけてきたグループ名です。「食べ物」（メニュー）の中で，子どもたちが好きなものを選ぶこともおすすめです。子どもたちから

☆焼肉・からあげ・ステーキ
☆チャーハン・オムライス・カレーライス
☆ラーメン・うどん・スパゲッティ
☆ネギトロ・サーモン・甘エビ　　　など

名前を募集することもあります。当番表には，必ずその名前とともに，写真かイラストをのせます。

　4時間目の終わりのあいさつのあと，「今週のグループ」と私が言うと，当番の子どもたちが「焼肉チーム，ゴー！」のかけ声とともに，給食着に着替え始めます。給食の時間の雰囲気づくりは，「食べる」以外のところにあるように思います。

「いただきます」を合唱（!?）する

「手を合わせてください。いただきます」や「合掌。感謝していただきます」などのかけ声で食べ始めることが多いでしょう。

「合掌」しながら「合唱」です。「いただきます」の号令をかける子や日直などに，好きなメロディーやリズムをつけさせ，「いただきます」を言わせます。その真似を全員に言わせるのです。オペラ歌手になりきったり，お笑い芸人のネタを真似したりして，食べる前にひと笑い起きます。これは，「ごちそうさま」にも使えます。グループごとに，輪唱をしても楽しくなります。

「今日の給食」クイズをする

食べている間，その日の給食の献立について，クイズを出題します。1人で考えたり，班で考えたり，答え方は様々です。

毎月の給食の献立を見て，担任がクイズを考えてもよいですし，クイズ係の子どもたちに考えさせてもよいでしょう。子

★今日の春雨スープに入っている食材は何種類でしょうか
　A：3種類　B：6種類　C：10種類
★麻婆豆腐はどこの国の料理でしょうか
　A：アメリカ　B：日本　C：中国
★「冬瓜」の旬はいつでしょうか
　A：春　B：夏　C：秋　D：冬

どもたちが考える時，栄養教諭（学校栄養職員）に尋ねに行かせることもあります。すると，その日の食材を貸してくださることがあります。実際に，教室に冬瓜を持ってきて，ふれることもできました。給食の献立や食材により一層，目を向ける機会が増えます。

（小倉　美佐枝）

1 給食の時間を楽しくするアイデア

誕生日をお祝いするアイデア

誕生日に牛乳で乾杯する

給食の時間に学級の誕生日の子どものお祝いをします。

> 「○○さん,誕生日,おめでとう！　かんぱーい！」

と言って,乾杯をします。

大人ならお酒で乾杯をしますが,子どもですから牛乳で乾杯をします。

子どもは大人の乾杯を「やってみたいなぁ」と心の中で思っているようです。ですから,給食の時間を使って,みんなで乾杯をしてみましょう。中にはその子どものところまで行って乾杯をする子どももいます。ちょっと大目に見てあげましょう。

①合唱のあとにすぐ行う

乾杯は給食の最初に行います。「今日は○○さんの誕生日だね。みんなで乾杯しましょう！」と言い,合唱の合図に続けてやってしまうとよいでしょう。給食の話題が誕生日にまつわることにもなり,和やかなムードにつつまれます。

②歌を歌ってもOK

子どもの実態に応じて,歌を歌ってもよいでしょう。「ハッピーバースデー」の歌を歌って,最後に「○○さん,おめでとう！　かんぱーい！」と声をかけます。私の教室では,「ハッピーバースデー」の歌を英語バージョン

と日本語バージョンの2つから選べます。「どっちを歌ってほしい？」と誕生日の子どもに聞いたあと，英語もしくは日本語で歌います。そして，みんなで乾杯となります。

学級でうれしいことがあったら乾杯する

　誕生日にかぎらず，学級でうれしいことがあったら乾杯をします。
　例えば，午前中に体育の時間で行った学級対抗リレーが1位だった時や研究授業で多くの先生に授業を見てもらってみんながんばった時に，

> 「今日は，学級のみんなでよくがんばったね。おめでとう！
> 　かんぱーい！」

と乾杯します。
　乾杯を通してみんなのがんばりをたたえます。
　もちろん，その後の給食もみんなでがんばったことを話題に給食を食べることとなります。

（広山　隆行）

2 子どもの食事マナーがよくなるアイデア

早食いをしなくなるアイデア

原因別！ 早食いに対処する２つのアプローチ

「教室で一番の早食い」はだれでしょうか。初任者の頃の私は自信をもって「教室で一番の早食い」だと言えました。事務作業に追われたり，残食を減らすために食缶を持ってまわったり，とにかく慌ただしくしていました。子どもたちのそばに座って食べ始める頃には，随分時間が経ってしまっていたこともありました。早食いについて指導をするのならば，教師自身が第一に早食いの習慣を見直さなければならないでしょう。

そして，教師が模範となることは大切ですが，子どもの早食いの原因を考えることも重要です。おかわりが自由で，おかわりほしさに早食いをしている。準備に時間がかかり，食べる時間が少ないから早食いをしている。このような場合は，給食のシステムを見直す必要があるでしょう。

本稿では，私が早食いの原因と捉えた以下の２つの問題に対する実践を紹介します。

①自分は早食いであるという自覚がない

早食いの子は，はたして自分は早食いであると自覚しているのでしょうか。ここで紹介するのは，子ども自身に早食いを「自覚」させ，早食いの改善を「実践」させる「ピタリ賞チャレンジ」です。

まず，全員に１個のストップウォッチとメモ用紙を配付します。食べ始めると同時にスタートを押す，完食した時点でストップを押す，日付とはかった時間をメモする，という３つの指示を出し，この作業を１週間継続させます。低学年であれば，教師が時間をはかり，完食した子から報告にこさせて

メモをするのもよいです。1週間経ったらメモ用紙を集め，日ごとに学級の平均時間を出しましょう（メニューによってかかる時間が異なるため）。後日，メモ用紙を返却して平均時間を発表し，自分が早食いであるかを判断させます。「自覚」させたあとは「実践」です。「早食い」の傾向があった子には，教師が提示した適正時間ピッタリに食べ終わるチャレンジをさせます。ひと口の量を減らす，よく噛むなど，作戦を立てさせてからストップウォッチを渡してチャレンジさせます。

②よく噛むことへの問題意識が低い

　よく噛まずに飲み込む。これは早食いの大きな原因となります。しかし，「よく噛みましょう」と言うだけでは，効果は期待薄です。そこで「噛む得クイズ」を紹介します。噛むことのよさを考えさせ，よく噛む「体験」をさせる実践です。

　右の表で「よく噛むことで得することはこの中のどれでしょう」と聞かれたら，みなさんならいくつ〇をつけるでしょうか。

❶太りにくくなる
❷グルメ（味がよくわかる人）になる
❸頭がよくなる
❹体調がよくなる
❺虫歯になりにくくなる
❻病気にかかりにくくなる
❼気分が落ちつく
❽発音がよくなる

　実は，この問いの答えはすべて〇です。よく噛むことで満腹感が得られ（❶），噛みくだくことで舌にある味蕾（味細胞の集まり）でじっくり味わい（❷），脳が刺激されて記憶力・集中力が上がり（❸），消化を助けて栄養を効率的に吸収し（❹），唾液がたくさん出て殺菌し（❺❻），あごを動かしてストレスを発散し（❼），あごが発達します（❽）。よく噛まないことは，これらの事実が逆転することを意味します。クイズで楽しみながらこの事実と出合わせ，よく噛むことへの問題意識を高めましょう。問題意識を高めたあとは「体験」です。「ひと口30回」を目安に，手で耳をふさいで噛む音を聞かせながら「体験」させます。味の変化にも注目させるとよいです。

（古橋　功嗣）

2 子どもの食事マナーがよくなるアイデア

箸の持ち方を教えるアイデア

「固定」の仕方を身につけさせる

　箸の正しい持ち方を指導する際に，次のような指導言をよく耳にします。
「箸の片方は，鉛筆と同じように持ちましょう。もう1本はその下に入れるだけです」
　しかし，この指導ではなかなか正しい箸の持ち方は身につきません。
　そもそも鉛筆を正しく持てていない子どもが多いのです。
　さらに，低学年の子どもは，箸を正しく持てていないにもかかわらず，「自身は正しく持てている」と判断することが多く，このことも持ち方の指導を難しくさせています。
　指導をする際には，子ども自身が正しく持てているかどうかを簡単に判断することが大切です。
　指導のポイントは，以下のような手順で，動かさない方の箸を「固定」させることです。

❶箸を1本だけ持たせ，上部を親指と人差し指のつけ根に挟ませます。
❷下部を薬指の先（つめにわずかにあたる位置）にあたるようにする。写真のように，薬指の箸があたる部分にマジックで印をつけておくと子ども自身ができているかどうかを簡単に判断できるようになります。

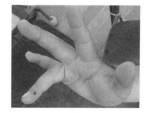

教師からの確認も簡単です。

箸を1本持たせて，

> 「先生に向かってVサインをつくってみよう」

と言うだけです。

正しく箸を持てているかどうか一目瞭然です。

「この箸は動かさない」ということを子どもに伝え，もう1本の箸を持たせます。もう1本は親指，人差し指，中指の3本でつままませて，この箸のみ動かすようにさせます。

「快の感覚」で使い方を定着させる

正しい箸の持ち方ができたら，練習によって使い方を身につけさせます。

よくあるのが大豆を箸でつかませる，豆つかみです。しかし，豆つかみは正しく箸が持てていても微妙な力の加減が必要で，なかなか上手につかめないものです。上手につかめないと子どもには達成感がありません。「前の持ち方の方が持ちやすかった」という子も出てきてしまいます。

定着させるためには，上手になったという達成感や，できたという成就感などの「快の感覚」が大切です。

つかむ練習でおすすめなのは，サイコロ状に切った豆腐です。箸の先を上手に動かせるようになったらどんどんつかむことができます。豆つかみよりは容易にできるようになります。

食べ物を使って練習をすることに抵抗がある場合は100円ショップで購入したスポンジをサイコロ状に切るとよいでしょう。スポンジの場合は日を置いて何度も練習ができるというメリットもあります。

正しい持ち方を指導する前の自己流の持ち方の時の記録をとっておき，記録を比べるとよいでしょう。

（西田　智行）

2 子どもの食事マナーがよくなるアイデア
食べる時の音に関する指導のアイデア

レストランと同じ食べ方をさせる

　給食を食べる場所は教室です。学校によっては、ランチルームという給食を全校で食べる場所もあります。給食はおうちで家族と食べる食事ではありません。家族以外の人たちと一緒に食事をする学習の場・公共の場でもあります。ですから、最低限のマナーを教えるのも大事なことです。

　給食の時間は「おいしく食べる」ことが一番です。給食のごはんやおかずをおいしく味わうことに加え、教室の雰囲気によっても「おいしさ」は大きく変わってきます。友達とお話をしながら楽しく食べることによってもおいしくなります。ただし、そのお話もどのくらいの大きさで、どんな話題なら許されるのかを考えることが大切です。ひと言も音のないシーンとした教室での給食の姿はちょっと異様ですね。上手にバランスをとって指導していきましょう。

①給食前にひと言

　給食を食べる前に次のように話をします。
　「みなさんは、レストランで食事をしたことがありますか？」

> 「給食を食べる時も、レストランで食べる時も一緒ですよ」

　「レストランで、食べる時に気をつけることってどんなこと？」
・大声を出さない
・用もないのに立ち歩いたりしない

・話をする時は，他の人に迷惑にならないようにする

「そうですね。大きな音を出したり，食べながら歩いたりしませんね。他のお客さんが嫌な気分になりますね」

「他にも，くちゃくちゃと音を出して食べたり，ズズズーッて音を出して汁を飲むことも他のお客さんを嫌な気分にさせることがありますね」

「だったら，ゲップもそうだね」

「給食もレストランと同じですよ。今，みんなが言ったことを給食の時間でも気をつけてみましょう」

②時間を区切る

　給食の時間を「会話をしてもよい時間」と「静かに食べる時間」に分けましょう。

　食べる時に音が出るということは，結果的に話に夢中になったり，食べることに集中していなかったりしていて，給食の時間に食べ終わらなくなります。

　そこで，給食中のお昼の放送の前後で会話をしてもよい時間と静かに食べる時間に分けます。多くの学校では，放送委員会などがお昼に放送を流します。その放送が始まるまでは，近くの人と楽しく会話をしてもよいこととします。ただし，放送が始まったあとは話をしない約束にします。放送が終わったあとも，食べることに集中します。

　音を出してもよい時間とよくない時間をきちんと分けることによって，自然とマナーを考えて食事をするようになります。

（広山　隆行）

2 子どもの食事マナーがよくなるアイデア
肘をつかないことを指導するアイデア

なぜ肘をついてはいけないのか

　右利きの場合，左手でごはん茶碗を持ちます。その時，ごはん茶碗を持った左腕の肘を机について食べる子どもがいます。ひどい場合は，箸を持った右腕の肘までついて，両肘をついて食べる子どももいます。

　そもそも，なぜ肘をついてはいけないのでしょうか。

　肘をつくということは前屈みになり，胃が圧迫されて消化に悪いということもありますが，文化的な側面もあります。

　明治時代になって西洋化が進み，ナイフとフォーク，スプーンを使った食事は，両手を使って食べることもあり，肘をついていては食べにくいスタイルでした。また，昔はお膳で食事をしていましたが，お膳は1人分の食事がのった台なので，肘をつくことはできませんでした。このようなことから，肘をついて食べるのはマナー違反とされてきました。

　マナーは文化でもあります。学校給食で，肘をついて食べないことを教え，実践させる必要があります。

肘をつかないアイデア

①食事も歯みがきも，姿勢を正す

　肘をつくと，前傾姿勢になります。背筋を伸ばして正しい姿勢で食べるようにすることで，自然と肘をつかなくなります。「肘をつくな」よりも「背筋を伸ばす」ことを意識させましょう。また，食事中に肘をついて食べる子どもは，歯みがきの時にも肘をついてみがきます。肘をつくくせがついているのです。食事中のみならず，歯みがきの時も姿勢に気をつけさせます。

②食事のマナー強化週間

　肘をついてはいけない。そう言うと，子どもは「はい！」と返事をします。本気で「肘をつかないようにしよう！」と思っているのです。しかし，食べている間に肘のことを忘れてしまい，また肘をついてしまうのです。そこで，忘れないように「食事のマナー強化週間」を決めて，その週だけ，「絶対に守る」と決めた食事のマナーを書いた紙を机の上に貼っておきます。食べながら目に入る位置に貼り，忘れないようにさせます。

③家庭との連携

　1週間の中で，学校給食は21食中の5食でしかありません。給食で気をつけていても，家庭で肘をついていては習慣化されないのです。特に肘をつくくせが抜けない子には，家庭でも肘をつかないように目を配ってもらうようにします。家庭訪問で話をしたり，学級通信で伝えたり，学級懇談会の話題として取り上げたりしましょう。

（辻川　和彦）

3 偏食・残滓を減らすアイデア
食べきれる量を 自己決定させるアイデア

食べきった！という経験を積み重ねる

「好き嫌いすることは悪だ」という意識が根強い学級は，給食が苦手な子どもには苦痛です。「全員に同じ量を配膳する」ことも大切ですが，苦手な子には最初に「自分で食べきれる量を決定させる」方法もあります。

〈同じ量を配膳する方式〉

①全員，同じ量をつぐ
↓
②「いただきます」
↓
③苦手な子が減らす
※「いただきます」のあとに減らしたり増やしたりすることが多い

〈自分で食べきれる量を決定する方式〉

①苦手な子が自分の分をつぐ
↓
②残りを均等につぐ
↓
③それでも食缶に残ったものを増やさせる
↓
④「いただきます」

「減らしてよいのだ」「残してよいのだ」という価値観をもたせないために，減らす行為自体をさせないのです。この方法では，「いただきます」をする時点で，食缶は空の状態です。苦手な子が自己決定した量を見ると，お皿の上に「ちょっと」しかないこともあります。それでも，それを食べきったのだという経験を積み重ねると，少しずつ自信がつきます。周りの友達も「給食が苦手なのに，残さずがんばって食べている」と前向きに受け止めます。自然と，食べる量もじわじわと増えていきます。

絵本の力を借りて、苦手意識を軽減させる

　子どもたちの「給食で初めて食べた」という言葉をよく耳にします。苦手な食べ物の中には、「食べず嫌い」もあるのです。特に、煮物、焼き魚などの「和食」への抵抗が強いように感じます。家庭の食事は洋食が多いのかもしれません。

　給食への意識だけでなく、食べ物を前向きに捉えさせるために、絵本の力を生かしてみてはいかがでしょうか。食べ物が主人公のお話は数多くあります。学級活動（食育）の一環として、授業をすることもよいですが、朝の時間や隙間の時間に読み聞かせをすることもよいでしょう。

　実際に、子どもたちに読み聞かせている絵本を2冊紹介します。

『おいしいおほしさま』
　　林木林　作・たごもりのりこ　絵／鈴木出版

　おばあちゃんの台所には、「星」がいっぱいなのです。台所にある「〜ほし」を思い浮かべてくださいね。梅ぼし、煮ぼし、一夜ぼし、ほししいたけ。「ほし」がつくおいしくて、体によいものがたくさんです。

『げんききゅうしょくいただきます！』
　　つちだよしはる　作・絵／童心社

　子どもたちに、安心で安全な給食を食べさせようと、おじいちゃん・おばあちゃんたちが一生懸命野菜をつくります。子どもたちも、つくってくれた人を思い浮かべながら食べるのです。

　他にも、たくさんの絵本があります。絵本を読み終えると、子どもたちが「おなかすいた」とつぶやき始めます。給食の時間以外に、給食への意識づくりをしてはいかがでしょうか。

（小倉　美佐枝）

3 偏食・残滓を減らすアイデア
給食に関わる人・食べる量の見える化をするアイデア

「見える化」で偏食・残滓を減らす！

「どうしてもコーンが食べられません」

初任で2年生を担任した際，4月に1人の男の子が言いにきました。担任が決まってすぐわざわざ言いにきたのですから，本人にとっては極めて重要な問題だったのだと思います。

そんな彼が，ある日「コーン残さず全部食べます！」と私のもとへ宣言しにきました。険しい顔をしながら，一生懸命コーンを食べていました。

翌年4年生を担任すると，今度は牛乳が苦手でほとんど飲めない女の子がいました。牛乳パックにストローをさしてくわえるものの，実際にはほとんど飲まずに残してしまっていました。

そんな彼女が，1月には牛乳を気にせず飲みほすようになっていました。

ここに紹介した，偏食・残食をする"彼"や"彼女"には，「見える化」を意識した実践をしました。

① 「いただきます」までに関わる人を「見える化」する

コーンを食べられない男の子の姿を見ていて私が問題だと感じたのは次の点でした。

「『減らす・残す』が当たり前になっている」（行為への問題意識がない）

4月当初，申し訳なさそうにコーンを減らしていた彼も，いつしか，さも当たり前のようにコーンが出ると減らしたり，残したりするようになっていました。「これはまずい」と感じて，減らす・残すという行為への問題意識を高めたいと考えました。そこで実践したのが「いただきます」までに関わ

る人を「見える化」することです。

まず,「給食で『いただきます』をするまでには,どんなお仕事をしている人がいますか」と発問しました。

自分が思いついた人をプリントに書かせます。隣同士や,グループで交流させてから,発表させます。子どもから出てくる意見を板書に残し,黒板を「いただきます」までに関わる人でいっぱいにするのです。

給食をつくる人,野菜を育てる人,牛や豚を育てる人,食材を運ぶ人,牛乳パックをつくる人,食材を売る人,給食を運ぶ人,お金を払う家族,配膳してくれる友達……。「いただきます」までに関わる人で黒板がいっぱいになったところで問います。「今のあなたの食べ方は,ここに出てきた全員が笑顔になる食べ方ですか」。いくつか意見を聞いてから,これから大切にすることをプリントの余白に書かせます。

②食べ残す量を「見える化」する

牛乳を残す女の子の姿を見ていて私が問題だと感じたのは次の点でした。

「どれだけ飲んだか,どれだけ残っているかが見えない」

そこで,算数で使う大きめのはかりを教室に用意しました。毎日,飲み残す量をはからせることにしたのです。初めは1g減らしただけでもかなりほめました。減らそうとした努力,気がまえをほめるのです。今思うと,少し大げさだったかもしれません。

この作業は,その子と私とで行う日課となっていきました。残す量が増える日ももちろんありましたが,毎日継続しました。女の子は,次第に自分で目標を立てるようになり,ついには,すべてを飲みほすことができるようになっていきました。食べ残す量を「見える化」することは,残すことへの問題意識を高めたり,具体的な目標を立てさせたりすることにつながります。食べる前に,1人前の量を正確にはかって配膳し,1人前を意識させるのにもはかりは活用できます。

(古橋　功嗣)

3 偏食・残滓を減らすアイデア
言葉・歴史の指導などを行うアイデア

感謝の心を育てよう

　給食の時間に，子どもたちが「このおかず嫌い」「牛乳が嫌い」と言うのをよく耳にします。

　私は，「嫌い」という言葉を食べ物に対して使うことがとても気になります。そのため，子どもたちには，「『嫌い』ではなく『苦手』と言いなさい」というように指導をします。

　「苦手」という言葉からは，努力次第では克服できる，いつかは得意になるかもしれないという可能性が感じられます。しかし，「嫌い」と言うと，初めからそのものを拒絶しているという印象を受けます。このようなマイナスの言葉は，楽しく食事をする雰囲気も壊してしまいます。

　「言葉づかい」は「心づかい」です。偏食をなくすには，まず言葉の指導を通して，食に対する考え方を指導し，子どもたちの心を育てる必要があります。

　心を育てる指導として，「いただきます」や「ごちそうさま」というあいさつの意味について考えさせます。

　「いただきます」は，漢字で書くと「頂きます」となります。これは，「目上の人から恩恵を受ける」という意味です。子どもたちに「この給食を食べるためにだれからどんな恩恵を受けていますか？」と問いかけます。こうして「食材から命をもらっている」「調理員さんにつくってもらっている」「両親に給食費を払ってもらっている」ということにあらためて気づかせます。

　「ごちそうさま」は「御馳走様」となります。「あなたが給食を食べるために走ってくれた人に感謝しましょう」と指導するとよいでしょう。

さらに，給食の歴史や世界の食糧事情なども紹介します。
このように，給食を毎日食べられることは，当たり前のことではないということを指導し，感謝の心を育てます。

給食時間までが勝負！

残食をなくすためには「給食時間まで」が勝負です。
残食がない，少ない学級の特徴は，子どもたちの元気がよいことです。
朝から，大きな声であいさつや返事をする。授業に集中して脳をフル回転させ，どんどん発言する。体育の時間や，休み時間にしっかり運動をする。
このように健康的な学級は様々な場でエネルギーを発散します。すると，4時間目の途中にはおなかがすきます。結果としてよく食べるようになるのです。また，食べる時間を確保することも大切です。4時間目がのびてしまうと給食の準備の時間が後ろにずれてしまい，食べる時間が少なくなります。授業を延長しない，給食の準備を素早くさせるという「時間厳守」も残食をなくすためには大切なことです。

少なめに配膳しよう

同僚の女性の先生に，わんこそばを77杯も食べて「大関」の称号をもらった方がいます。わんこそばは，「1杯が少ないからどんどん食べられそうな気になった」というのです。人は，大盛りの器を前にすると，視覚からの情報により，早く満腹を感じるようになるのです。さすがに，わんこそば77杯分が盛りつけられたものが出されたら食べられそうな気はしないでしょう。
給食を少なめに配膳すると子どもたちは次々におかわりをします。クラス全体が「もっと食べたい」というプラスの雰囲気になり，その勢いで完食できます。
食の細かったクラスを担任した際に，これによって完食させることができました。

（西田　智行）

3 偏食・残滓を減らすアイデア
主体的に食べる量の調節をさせるアイデア

「チーム・ゼロ」をめざす

　子ども一人一人には食べ物の好き嫌いがあります。無理に食べさせようとすれば体罰とも受け取られます。また，最近はアレルギー体質の子どももいて，給食の食材によっては食べられない場合があります。ですから，全員に対して，「すべて残さず食べましょう」という指導ができにくくなっています。

　そこで，みんなで協力して残飯ゼロをめざします。

　減らした人のおかずは，食べることができる人が食べてあげます。

　小学校の段階では，体の大きさも違います。同じ量を配膳しても食べることができる量に差があるのが当たり前です。

　給食を食べ終えた段階で，返却する食缶に残飯がない状態をめざすのです。

①**最初は同じ量を盛りつける**

　給食費はみんな同じ金額を払っています。ですから，好き嫌いのあるなしに関係なく全員均等に給食を配膳します。

②**食べることができる量に自分で調節する**

　「今，全員同じ量で給食が配られています。でもね，今日は体調が悪くて食べられないなって人がいるかもしれないでしょう。自分には量が多いなと

思う人もいるでしょう。また，このおかずは苦手だなって思っている人もいるでしょう。そんな人は，今から自分で食べることができる量に減らしてください」

「いただきます」をしたあとに，自分で食べることができる量に減らします。ここで大切なのは，子どもが「時間内に食べることができる量に自分で調節する」ことです。

最初は，減らしたにもかかわらず，時間内に食べることができなくて残す子どももいるかもしれませんが，慣れてくれば自分で食べることができる量がわかってきます。

③残ったおかずを食べたい子どもで分ける

「今，食缶におかずが残っていますが，食べたい人はいませんか？」

おかずごとに，食べることができる子どもに配ってあげます。

最初は先生が均等に配ってあげましょう。

慣れてくれば子どもたちで人数を見ながら均等に分けることができるようになります。

④一品物は「ジャンケン」

おかずによっては，分けることができない場合があります。

そんな時はジャンケンで決めましょう。

もしも，デザート1個とからあげ1個が残っていたら，どちらかのおかずのジャンケンだけに出ることができるようにすれば，子どもたちも「どっちにしようかな？」と考え，楽しみながら残飯を減らせます。

(広山　隆行)

4 家庭と連携した偏食・マナー改善のアイデア

給食だよりや学級通信を活用するアイデア

信頼関係を築くために授業参観，懇談会を利用する

家庭と連携するためには，授業参観，懇談会，家庭訪問，通信，電話，面談などの方法があります。いずれの方法でも，信頼関係を築いておく必要があります。

授業参観や懇談会のように，お互いの顔が見える機会に，保護者と学校，保護者同士の

あたたかい関係をつくるようにします。給食を授業参観にすることは難しいでしょう。以前は家庭科でお茶を入れる学習があったので，最初の授業参観にして，信頼関係を築くようにしていました。学級活動で行ってもよいでしょう。

給食だよりを利用する

献立を知らせる給食だよりには，食材に関する情報はもちろん，食に関する知識や，食事のマナーなど，役立つ話が掲載されています。これを利用します。

ただ配付するのではなく，子どもたちにしっかりと読ませて，家庭でも話題にするように話しておきます。家庭科と連動して，コメントを書いてもらうのもよいでしょう。

学級通信を利用する

　学級通信では，日常の様子を知らせます。時には学級で問題になっていることも伝えます。

　「残食ゼロ」をめざすためには，たくさんの子どもがおかわりをすることです。高学年になると，特に，女子におかわりをしない子どもが出てくる場合があります。学級経営がうまくいっているかどうかをたしかめる視点になります。

　カレーやスパゲッティは残食の心配はありませんが，野菜や豆類は残ることがあります。「こんな取り組みをしています」「こんなことで困っています」という訴えを，学級通信を通して行うことも大切です。

　もちろん，嫌なことばかりがのってくる通信は読んでいただけません。電話と同様，よくないことしか話題にしないと，保護者は不安を感じてしまいます。「不安は不満を生み，やがて怒りに変わる」。保護者対応で大切にしたいことです。楽しく給食を食べている様子も知らせましょう。

個別対応する

　以前，アナフィラキシーの既往がある子どもを担任したことがありました。保護者は食に対してとても敏感でした。体調やその日の献立の情報は連絡帳を使って共有していました。

　給食室との連携も大切です。教務主任時代は，クラス写真を給食室にも配付（管理は厳重にして）するようにしました。給食室の方々に，食物アレルギーのある子どもの顔を知ってもらうことが大切だからです。ただの好き嫌いなのか，食物アレルギーなのか，生命に関わる問題なので，家庭と連絡を密にとることが大切です。

　　　　　　　　　　　　　　　　　　　　　　　　（笹原　信二）

4　家庭と連携した偏食・マナー改善のアイデア

給食をきっかけにマナーを親子で見つめ直すアイデア

　給食を食べる子どもたちの様子を見ていると，マナーの面で気になる姿が見られます。❶食器の置き方，❷箸の持ち方，❸食器の持ち方です。この3つについては，給食の時間で学習したことを，家庭で，子どもたち自身で意識しながら改善していきやすいものです。

食器を正しく置いて，給食を美しく食べよう

　低学年の子どもたちでも取り組みやすい配膳の仕方です。給食を配膳する時に，黒板に，お皿のカードを掲示し，確認しながら並べさせます。左利きの子どもには，反対に置くことも伝えます。

　基本である「ごはんが左！　お汁は右！」を合言葉にします。「いただきます」の前に，復唱して，毎日確認することで，食器の置き方については習慣化します。

　家庭には，この置き方について指導していることを，学級だよりで知らせます。家庭での食事では，給食とお皿の数が異なります。このため，この置き方を基本にして，家庭ではどのように置いたらよいかを，保護者と話しながら置くように子どもたちには伝えます。

　次に，周りの教師から「箸の持ち方がとても気になる！」という声を聞きます。教室で指導しても，なかなか改善がみられないところです。あまりに

もしつこく指導すると，子どもたちは給食の時間が嫌になることがあります。一度指導したあとは時間をおくことをおすすめします。ただし，「箸の使い方」と「器の持ち方」については，くわしく教えます。

『テーブルマナーの絵本』髙野紀子　作／あすなろ書房

　この絵本には，「箸の使い方」「器の持ち方」がくわしく紹介されています。指し箸，まよい箸，拾い箸など，よくない使い方の説明がのっていて，わかりやすいです。実際に，給食室や家庭科室から箸や食器を借りて，練習をします。この取り組みについても，学級だよりでお知らせをしてきました。その中で，保護者から，「箸の使い方で知らない使い方がたくさんありました。家で大人がやっていていけなかったなあと思いました。教えてもらってよかったです」というコメントがありました。学級だよりで伝えるということは，保護者にとっても学びが広がる機会になります。

給食試食会(給食参観)を開いて，親子で一緒に給食を楽しもう

　低学年では，年に一度，学級での「給食試食会」を開いてはいかがでしょうか。保護者に，給食の準備や片づけをする様子を直接見てもらったり，一緒に食べたりする中で，家庭での様子とは異なる，新しい姿を見てもらえるチャンスです。
・嫌いな食べ物は口にしないという子が，ほんの少しでも，一生懸命食べようとがんばっていた
・ゆっくり時間をかけて食べる子が，時間を意識して食べ終えていた
・いつもこぼす子が，お皿をきちんと持って食べていた
　学校での様子を見てもらうことで，家庭でも同じようにやってみよう！ 親子でがんばろう！　という意識につながります。食の始まりは，あくまでも家庭です。学校での給食が家庭での食生活によりよくつながるように，親子で取り組める視点を増やす工夫をしていきましょう。

（小倉　美佐枝）

4 家庭と連携した偏食・マナー改善のアイデア

授業参観などを生かすアイデア

見る・知る機会を設定する

　家庭と連携するために，私は授業や学校行事などを通して親子で「食」について考える機会をつくります。

　高学年であれば家庭科で，中学年であれば保健の授業で，体をつくる栄養素などについて学習します。これを参観していただくことによって家庭での食事についてふり返り，あらためて食事の大切さを親子で考える機会をつくります。

　また，家庭科の授業で学習したことを家庭で実践させます。家庭の協力を得て休日に朝食をつくらせたり，給食がない日に自分で（保護者を手伝って）自分の弁当をつくらせたりするのです。

　親子ともに好評だったのが1年生の生活科の授業です。学校栄養職員の先生や調理員の方に協力していただいて，給食ができるまでの過程を学習しました。

　給食は子どもたちが安全に，安心して食べられるように細心の注意をはらってつくられています。右の写真はキャベツの葉を1枚1枚洗っているところです。

　また，給食で使用されている野菜をつくっている地元の農家の方の写真も見せました。

　このように，普段は見えない，

つくり手の工夫や努力を感じることで，保護者も子どもたちに「給食っておいしいよね」「苦手なものも少しずつ，がんばってみよう」とプラスの声かけをされるようになります。

　また，保護者はわが子が給食を，どのようにして食べているのかということをほとんど知りません。

　給食の様子について見ていただく・知っていただく機会をつくることが大切です。

　私は，フリー参観日の際に，給食の様子を見ていただけるように積極的に呼びかけて給食の準備の仕方や食べ方，片づけ方などを見ていただきます。その際に，学校での給食指導について話をします。

　私の勤務校では，毎年給食試食会を実施しています。保護者にランチルームで子どもの隣の席に座ってもらって一緒に給食を食べていただきました。

　子どもたちが見せる姿は学校と家庭で少し違うようです。保護者からは「自分たちで配膳までしているのを見てびっくりしました。家でもお手伝いをしてもらおうと思います」「食器や箸の持ち方を家でも注意しようと思います」という感想が聞かれました。

効果を短絡的に求めない

　このように学校行事の様々な機会を生かして，家庭での「食」に対する意識や関心を高めます。

　ただし，それぞれの家庭にはそれぞれの事情や習慣があります。特に食生活や食習慣を一気に改善するのは非常に難しいことです。短絡的に変化や効果を求めないで，あくまでも食生活改善のきっかけづくりや，考えるヒントを提供していると認識して取り組みましょう。

（西田　智行）

4　家庭と連携した偏食・マナー改善のアイデア

手づくりする機会を
つくるアイデア

保護者と一緒に料理をつくってみる

　生活科では育てた野菜をみんなで食べる活動をします。家庭科では調理実習を通して料理をつくります。学級だよりなどで授業の様子を伝えたあと，実際におうちでも同じように料理をつくってもらうようにお願いします。

　苦手な野菜であっても，実際に自分が育てた野菜なら「食べてみようかな」と思います。実際に自分で調理した料理となるとだれかに食べてもらいたくなるし，自分でも「食べたいな」と思います。食べてもらった喜びは，「次もつくろうかな」という意欲につながります。

①長期休みの宿題としてお願いする

　夏休みや冬休みなどに，家庭にお願いして何か一品料理をつくってみる宿題を出してみましょう。

　低学年であれば，育てた野菜を使ってサラダなどができるでしょう。高学年であれば，実際に授業で行った調理実習をもう一度家庭で再現してもよいでし

ょう。偏食をすぐになくすことはできませんが，料理をつくることを通して，つくってくれることのありがたみを感じることができます。

　給食に出てくる料理も，給食の調理員さんがていねいにつくってくれてい

るのです。実際に自分でも料理をすることを通して、給食に出てくる苦手な料理についてもつくってくれた人のことを感じることで「残してごめんね」「ちょっとは食べてみるからね」という気持ちを育てることができます。

　調理実習をした経験のない学年であれば、おにぎりをつくるだけでも十分です。家族のだれかに食べてもらうことを通して、つくって食べてもらう喜びを感じるはずです。

②自分でつくるとマナーがよくなる

　生活科で野菜を育てたあとの単元「収穫パーティー」の時や家庭科の調理実習でつくった料理を食べる時は、不思議と姿勢がよくなります。食べ始めは、そっと味わって食べようとします。自分で育てたりつくったりした料理への愛情があるような気がします。

　その時の様子をほめてあげましょう。

「今日の食べる姿はとてもいいね。自分でつくった料理だから味わって食べちゃうよね」

「味はどう？　おいしいよね。自分でつくると味わって食べようと思って、自然とマナーもよくなってしまうよね」

　給食中にマナーが悪くなってしまうのは、給食が当たり前の状態となり、つくってくれた人への感謝を忘れていることも要因の1つです。実際に自分たちで料理をつくることを通してマナーがよくなります。

　また、友達や家族と一緒につくった料理なら、残すことをためらい「ちょっとだけでも食べてみようかな」という心情になります。案外、食べてみたらおいしかったということもあるので、偏食の改善につながります。

　低学年や高学年にかぎらず、時間に余裕があれば、学期末や何かうれしいことがあった時に「○○パーティー」と称して料理をするとよいかもしれません。

（広山　隆行）

【コラム】

給食ハラスメント―「完食」の強要はパワハラ!?―

　ここで言う「完食」とは，給食の食缶の中身をすべて食べきってしまうことです。苦手なものを減らす子がいても，食べられる子が大盛りにしたりおかわりをしたりして，最終的に学級全員が協力して完食しようとする指導です。子どもたちの協力や努力などの末に完食できれば，達成感もあります。
　食べ物を大切にしようという意識から生まれたものでしょう。このこと自体は，悪いことではありません。
　ところが，完食をめざすあまり，苦手な子にも無理矢理食べさせようとしたり，おかわりを強要したりするような，行きすぎた給食指導もあるのです。
　このような指導を「給食ハラスメント」と呼ぶ動きがあります。
　「完食」をめざすことはよいのですが，それが「絶対に完食しないと許さない」ということになると話は違ってきます。少食の子や好き嫌いのある子は担任や周りの子からプレッシャーをかけられます。楽しいはずの給食が，つらく苦しいものになってしまいます。
　しかし，地域によっては，学級ごとや学校ごとの残食量をはかって公表していることもあり，実は担任もプレッシャーをかけられている場合があるのです。
　「もったいない」「食べ物を大切に」という気持ちをもたせるのは大切ですが，だからといって「完食は善」「食べ残しは悪」という二者択一も極端です。
　たまには食缶に食べ物が残ることもあるという前提で，ゆるやかにねばり強く指導していきましょう。

第 5 章
教師が身につけておくべき対応術

> 1 給食中の事件・事故を未然に防ぐ

給食中の危機管理

給食中に起こる事件・事故

　ない方がよいのですが，給食中には様々な事件・事故が起こることがあります。給食中に起こる事故は，大まかに分けて「感染症・食中毒」「食物アレルギー」「誤嚥・誤飲」「異物混入」などがあります。

①感染症・食中毒
　感染症は人から人へ感染するもの，食中毒は食品を介して人へ感染するものです。
　給食で発生する食中毒の原因は，ノロウイルス，サルモネラ，腸管出血性大腸菌O157，ヒスタミン，カンピロバクター，セレウス菌，ウエルシュ菌，黄色ブドウ球菌等々があります。もっとも多いのはノロウイルスですが，その発生源は調理従事者側にある場合が多いです。
　2017年には東京で1000人超が症状を訴えた集団食中毒で，給食で使用されたキザミのりからノロウイルスが検出されました。このように，納入された食材にすでにノロウイルスが付着していたという事例もあります。
　このような場合，教室で未然に防ぐのは非常に難しいのですが，子ども側が保菌者の場合は，手洗いや体調面の観察，マスクの着用などの予防で，被害を最小限にすることができます。

②誤嚥・誤飲
　誤嚥は飲食物を食道ではなく気道に入れてしまうこと，誤飲は飲食物ではない異物を誤って飲み込んでしまうことです。どちらも，結果的に窒息死に

つながる恐れがあります。これまでにも，小学生や中学生が，パンや白玉団子をのどにつまらせて死亡した例があります。

③異物混入

給食への異物混入は，非常に頻繁に起こっています。特に金属片が混入していることが多く，納入業者の段階で混入した場合や，調理器具が破損して混入した場合があります。

④給食中の事件

2004年6月，長崎県佐世保市の小学校6年生が同級生をカッターナイフで切りつけて死亡させるという事件がありました。世間に大きな衝撃を与えた事件でしたが，この事件が発生したのは給食準備の時間でした。

もちろん，これは非常に特異な事件です。しかし，そのような特異な事件でなくても，給食準備で慌ただしく教師の目が行き届かない時間帯に，けんかやいじめなどが起きることは十分あり得ます。そのようなことも考えて，担任は子どもたちの動きの把握に努めなければなりません。

給食中の危機管理という視点

何気なく過ごす毎日の給食ですが，様々な事件・事故が発生し得ることがわかります。教師は，このような事件・事故を未然に防いだり，いざ起こった時にどうすればよいか，という対応術を身につけたりしておく必要があります。給食の安全については，栄養教諭，保健主事，養護教諭もそれぞれの担当分野で事件・事故を未然に防ぐためのマニュアルがありますが，担任にも，教室で"担任にしかできない危機管理"があるのです。（食物アレルギーについては，140〜155ページをご覧ください）

■1　給食中の事件・事故を未然に防ぐ

窒息事故の防止

窒息事故を起こしやすい食べ方

　窒息事故は，食物アレルギー問題と並んで学校給食で発生する事故の1つです。「窒息しやすい食べ方」には，次のような食べ方があります。

○硬い食品などがかみきれていない時
○おしゃべりの後に息継ぎした時
○急に上を向いた時
○瞬間的に驚いた時
○口を開けたまま，食べ物をとり込んだり，飲み込んだりした時
　（食事介助を受ける場合）

　　　　　「安全な学校給食の提供のために～窒息事故防止に関する資料～」
　　　　　　　　　　　　　　　　　　（北海道教育委員会，2015年3月）より

　ここから，窒息する原因が見えてきます。
・よく噛まずに食べる
・口に入れる量が多い（大きさが大きい）
・姿勢が悪い
・ふざけながら食べる

　このような食べ方をすると気道に食べ物が引き込まれやすくなります。そして，のどから食べ物を出せなくなり，息ができなくなるのです。これが「窒息」です。気道が3～6分間閉塞されると，死亡することがあります。

窒息しない食べ方

①口の中いっぱいに食べ物をほおばらない

一気に口の中に大量の食べ物を入れると、のどにつまりやすくなります。乳幼児の気管の径は1cm未満、大人は2cm程度なので、これより大きいとのどにつまりやすくなります。ひと口で食べる量は少なめにし、よく噛んで食べることを心がけるようにさせます。

②早食い・早飲みをしない

早く食べようとすると、やはりひと口で食べる量が多くなり、しかもよく噛まずに食べることにつながります。牛乳の早飲みは、食べ物の早食いに比べて窒息しにくいと思われるでしょうが、早飲みが許される雰囲気の学級であれば、早食いも容易にやってしまいがちです。

③姿勢をよくする

食事中に「急に上を向く」状況とは、「大笑いして上を向く」「椅子を後ろに傾けていて、そのまま後ろに倒れてしまう」などが考えられます。姿勢をよくして食べるようにさせます。

④ふざけながら食べない

楽しく会話しながら食べるのはよいのですが、食べながらものまねをしたり、食べている人をおどろかせたりするのは「楽しい」を通り越しています。あくまでも「マナーを守った上での楽しさ」であることを教えましょう。

要するに、マナーよく、落ちついた雰囲気の中で食べることが大切です。

1 給食中の事件・事故を未然に防ぐ

異物混入への対応

「異物」とは

長崎市教育委員会は,「異物」を次のように分類しています。

異物	区分		具体的な物質
非危険異物	レベル1	異物自体は不快であり,衛生的ではないが,健康への影響が少ないと思われる異物	毛髪,繊維,ビニール片,植物の皮や殻,衛生害虫以外の虫等
危険異物	レベル2	喫食することにより,健康への影響が大きいと思われる異物 非危険異物(レベル1)であっても,鋭利なものや大量に混入されたもの	衛生害虫(ゴキブリ,ハエ等),ネズミの糞,異常な変色や異味異臭・カビ等
	レベル3	喫食することにより,生命に深刻な影響を与える異物	ガラス片,金属片,針,鋭利なプラスチック片,薬品類等

『(改訂)学校給食における異物混入対応マニュアル【H29.4月改訂版】』
(長崎市教育委員会)より

異物混入の対策については,「納入業者」「給食施設」「配送業者」「学校(教室に運ばれる前)」でそれぞれ異物混入を防ぐマニュアルがあるでしょう。しかしそれでも,異物が混入することはあるのです。

教室で異物混入に気づいたら

　普段から「何か入っていたら，すぐに教えなさい」と言っておきますが，実際に異物を発見した場合は，基本的に次のように対応します。

①食べる前に気づいたら
・非危険異物の場合
　とりのぞいて食べるか，新しいものと交換します。とりのぞけない場合や，他にも混入の可能性がある場合は，すぐに管理職へ報告します。
・危険異物の場合
　気づいた時点で食べるのを中止し，やはり管理職へ報告します。
・異物への対応
　異物そのもの，または異物が混入した食品は捨てずに保存し，管理職に渡します。手元にカメラ（または携帯電話・スマホ）があれば，写真に撮っておきます。（レベル１の非危険異物の場合は，どこまで対応するのかを年度はじめに共通理解しておきましょう）

②食べてしまったあとに気づいたら
・子どもへの対応
　管理職へ連絡し，体調に変化がないかしばらく様子を見ます。食べた異物によっては，保健室へ連れて行ったり保護者へ連絡したりします。
　他の子どもの給食をストップし，異物が入っていないか調べます。
・異物への対応
　もし，他にも異物が見つかれば，写真撮影して現物を保管します。

　以上は基本的な対応ですが，各教育委員会や学校でマニュアルがあるはずなので，それに沿った対応をしましょう。

1　給食中の事件・事故を未然に防ぐ

給食中の子どもの動きの把握

給食準備中の子どもの動き

①トイレへ行く時間をそろえる

　4校時の授業が終わったら，まずトイレへ行かせます。給食の準備・配膳中はただでさえ子どもたちがバラバラに動きます。その最中にトイレへ行き出したら，だれがどこにいるのか把握するのが難しくなります。

　全員が一斉にトイレへ行くと待つ時間が発生するので，まず給食当番が，1〜2分して当番以外の子が行くようにします。

②何もしない子は席に座る

　人数が多い学級の場合，給食当番でもなく配膳もしない，何もすることがない子たちが教室内外を動きまわってしまうことも，把握を難しくしてしまいます。

　休み時間ではないので，給食当番でも配膳係でもない子は，自分の席に座らせておきます。座っている子には，読書をさせたり連絡帳を書かせたりと，やることを決めておきます。

　配膳が終わった子も，順次，自分の席に座らせるようにします。

③「いただきます」は全員そろってから

　「いただきます」は，全員が席に座って（つまり，全員いることを把握して）から行います。もし，教室にいない子がいれば，すぐにトイレや近くの空き教室などを探します。

食事中の子どもの動き

①食事中は座っておくのがマナー

　食事中は，基本的に全員が席に座っておくのがマナーです。席を立ったり，教室を出たりする時には，必ず教師にことわるようにします。

②トイレは１人ずつ

　トイレに行きたいと訴える子がいたら，まず，トイレは給食準備の前に行っているはずであること，食事中にトイレに行くのはマナー違反であることを念押しした上で行かせます。（体調が悪い時は別です）

　「ぼくも」「わたしも」と大勢で行こうとする時があります。このような時は，１人ずつにします。トイレでおしゃべりをしたり遊んだりして，なかなかもどってこない場合があるからです。

③箸やスプーンを落とした時

　箸やスプーンを落とした時は，予備の箸やスプーンを使わせます。

　その他の場合も，必ず教師にことわってから行くようにさせます。

食後・後片づけの子どもの動き

　早く食べ終わっても，「ごちそうさま」をするまでは席を立ちません。まだ食べている人がいるのに周りを立ち歩くのはマナー違反です。食べ終わった子同士でおしゃべりをしたり，読書をしたりして過ごします。

　「ごちそうさま」をしたら，一列に並んで後片づけをします。給食当番は，食缶や食器かごを持って並びます。全員がそろったら，給食室（または給食用コンテナ）へ返しに行きます。

2　命に関わる食物アレルギー⑴食物アレルギーとその対応

食物アレルギーの種類

食物アレルギーとは

　食物アレルギーのある子を担任して，初めて食物アレルギーについて調べようとする教師は多いでしょう。しかし，突然症状が現れる場合もありますし，担任していない子の対応をしなければならない場合もあります。すべての教師が，食物アレルギーについての知識や対応の仕方を学ぶ必要があります。「AMED研究班による食物アレルギーの診療の手引き2017」（国立研究開発法人　日本医療研究開発機構（AMED））によると，食物アレルギーとは「食物によって引き起こされる抗原特異的な免疫学的機序を介して生体にとって不利益な症状が惹起される現象」です。

　簡単に説明すると，人間の体には，自分以外のものは排除しようとする働きがあります。これを免疫と言います。しかし，食べ物に関しては，異物と認識しないのです（これを免疫学的寛容と言います）。ところが食物アレルギーの子は，特定の食べ物に対して免疫学的寛容が成立せず，異物と認識してしまってアレルギー症状が起こってしまうのです。小さい頃には起こっていた食物アレルギーが成長とともに改善することもありますが，それは成長とともに免疫学的寛容が成立したからなのです。

アレルゲン

　アレルギーの原因となる食物抗原をアレルゲンと言います。
　アレルゲンとなる食物は，鶏卵が35％，牛乳が22.3％，小麦が12.5％と大きな割合を占めていますが，他にも落花生，果物類，魚卵類，甲殻類，木の実類，魚類，そば，大豆など，多くの食品があります。（「平成27年度　食物

アレルギーに関連する食品表示に関する調査研究事業　報告書」消費者庁，2016年3月より）

その割合は，年齢によって変わってきます。

食物アレルギーの種類

①即時型と非即時型

発症年齢が小学生以降のものに限定すると，食物アレルギーには「即時型」と言って，アレルゲンである食品を食べたりさわったりした直後から約2時間以内にアレルギー反応が起こるタイプがあります。食物アレルギーの多くはこのタイプです。

「非即時型」は，アレルゲンを含む食物を摂取してから数時間後に症状が出るタイプです。

②食物依存性運動誘発アナフィラキシー

食物依存性運動誘発アナフィラキシーは，原因食物を食べたあと，運動することによってアナフィラキシーが誘発されます。原因食物を食べたあと，最低2時間（可能なら4時間）は運動を避けることとされています。（「AMED研究班による食物アレルギーの診療の手引き2017」国立研究開発法人　日本医療研究開発機構（AMED）より）

このような子がいる場合は，体育などの運動を伴う活動は午前に設定しておく必要があります。（当然，原因物質を食べたあとの昼休みは読書など静かに過ごします）

③口腔アレルギー症候群

果物や野菜などに反応して起こる即時型アレルギーの一種です。アレルゲンが消化されると反応しなくなります。普通は口の中がピリピリしたりかゆくなったりするだけの症状ですが，大量に食べると全身症状が出ることもあります。

2　命に関わる食物アレルギー(1)食物アレルギーとその対応

食物アレルギーの症状

体の部位ごとの症状

食物アレルギーの症状には，次のようなものがあります。

①皮膚の症状
　かゆみ，じんましん，赤み

②目の症状
　結膜の充血，かゆみ，まぶたの腫れ

③口・のどの症状
　口・のどの中の違和感，イガイガ感，唇・舌の腫れ

④鼻の症状
　くしゃみ，鼻汁，鼻づまり

次のような症状が見られたら，迅速な対応（エピペン®の使用，救急車の要請・搬送など）が必要になることもあります。

⑤呼吸器の症状
　声がかすれる（嗄声），犬が吠えるような咳，のどがしめつけられる感じ（喉頭絞扼感），咳，息が苦しい（呼吸困難），ゼーゼー・ヒューヒューする（ぜん鳴），低酸素血症

⑥消化器の症状

　腹痛，吐き気，嘔吐，下痢

⑦循環器の症状

　脈が速い（頻脈），脈が触れにくい・脈が不規則，手足が冷たい，唇や爪が青白い（チアノーゼ），血圧低下

⑧神経の症状

　元気がない，ぐったり，意識もうろう，不機嫌，尿や便を漏らす（失禁）

アナフィラキシー

　皮膚，呼吸器，消化器，循環器，神経などの複数の臓器に重篤な症状が現れる場合を「アナフィラキシー」と呼びます。急速に進行することがあるので，迅速な対応が必要です。

アナフィラキシーショック

　アナフィラキシーにおいて，ショック症状（血圧低下やそれに伴う意識障害などの症状）を伴う場合を「アナフィラキシーショック」と呼び，迅速かつ適切な対応を行わないと，生命をおびやかす可能性があるもっとも危険な状態です。

『ぜん息予防のためのよくわかる食物アレルギー対応ガイドブック2014』
（独立行政法人　環境再生保全機構）より

2　命に関わる食物アレルギー⑴食物アレルギーとその対応

基本的な食物アレルギー対応

食物アレルギー対応の大原則

　文部科学省が発行している『学校給食における食物アレルギー対応指針』（2015年3月）には，次のような「学校給食における食物アレルギー対応の大原則」が示されています。

◎食物アレルギーを有する児童生徒にも，給食を提供する。そのためにも，安全性を最優先とする。
◎食物アレルギー対応委員会等により組織的に行う。
◎「学校のアレルギー疾患に対する取り組みガイドライン」に基づき，医師の診断による「学校生活管理指導表」の提出を必須とする。
◎安全性確保のため，原因食物の完全除去対応（提供するかしないか）を原則とする。
◎学校及び調理場[※1]の施設設備，人員等を鑑み無理な（過度に複雑な）対応は行わない。
◎教育委員会等[※2]は食物アレルギー対応について一定の方針を示すとともに，各学校の取組を支援する。

※1　本指針において「調理場」とは，特段の区分がない限り，単独校調理場・共同調理場等を含む，学校給食調理施設全体を指す。
※2　本指針において「教育委員会等」とは，公立学校における教育委員会のほか，国立大学附属学校における国立大学法人，私立学校における学校法人等，学校の設置者を指す。

　この大原則を受けて，調理場や教室では次のように対応します。

食物アレルギーのある子どもへの対応

　食物アレルギーの子がいる場合，栄養教諭（学校栄養職員・養護教諭など）は次のような対応を行います。

①保護者との情報交換
　毎月，保護者と献立表のやりとりをし，翌月分の対応を決定します。

②代替食（除去食）の提供の検討
　調理場で代替食（除去食）の対応が可能な場合は，別容器で提供します。

③代替食の持参
　除去食の対応ができない場合は，その旨を家庭に連絡し，かわりのおかずを持ってくるようにしてもらいます。

④「見える化」の工夫
　他の子どもの給食と間違えないように，次のような「見える化」の工夫をします。（学校によって様々な工夫があります）

・おぼん（トレイ）の色を変える。
・その子の給食だとわかるように，名札をおぼんにのせる。当番の子どもが見ても，配膳してはいけないものがわかるように食品名やイラストをつける。（右写真）
・毎月の献立表の，アレルゲンのある食品にマーカーで印をつけておく。

> 2　命に関わる食物アレルギー(1)食物アレルギーとその対応

緊急時の食物アレルギー対応

発見者が行うこと

　長崎県教育委員会の「アレルギー疾患緊急時対応マニュアル」では，アレルギー疾患に対応するのは，次のような場合としています。

・アレルギー症状がある（食物等の関与が疑われる）
・原因食物を食べた（可能性を含む）
・原因食物に触れた（可能性を含む）

　このような子どもを発見した場合，発見者が行うことは次の3つです。

---
①子供から目を離さない，ひとりにしない
②助けを呼び，人を集める
③エピペン®と内服薬を持ってくるよう指示する

　エピペン®とは，アナフィラキシーが現れた時に，症状の進行を一時的に緩和し，ショックを防ぐための補助治療剤（アドレナリン自己注射薬）です。みなさんは，エピペン®や内服薬がどこにあるか知っていますか？　アナフィラキシーの場合，一刻を争います。場所がわからない，では困ります。管理職や養護教諭が出張などで不在の場合もあるので，一人一人の教師が，エピペン®などの保管場所を知っていなくてはいけません。（多くの場合，職員室や保健室などに保管されているでしょう）

エピペン®の使用

アナフィラキシーを起こしているかどうか，すぐに判断しなければいけません。（マニュアルには「5分以内に判断する」とあります）

緊急性が「ない」場合は，内服薬を飲ませて保健室または安静にできる場所へ移動し，5分ごとに症状をチェックしながら，様子を見ます。

緊急性が「ある」場合には，ただちに，エピペン®を使用します。

エピペン®は，次のように使います。

・キャップをはずす

・太ももの前外側に垂直になるようにし，カチッと音がするまで強く押しつける

エピペン®の使用と同時に，救急車を要請します。その場で安静にして救急車を待ちます。可能なら，内服薬を飲ませます。

エピペン®が2本以上ある場合，1本を使用して10～15分後に症状の改善が見られない場合，2本目を使用します。

呼吸がない場合は，AEDを使用して心肺蘇生を行います。

以上が緊急時の対応です。この流れの中で，教師がとまどうのは「緊急性の有無の判断」と「エピペン®の使用」でしょう。エピペン®を使ったことがなければ，緊急時に使うことはできません。

「練習用エピペントレーナー」というものがあるので，疑似体験をするなど，緊急時を想定した研修をしておくことが必要です。（右写真が「練習用エピペントレーナー」です）

第5章 教師が身につけておくべき対応術 ◆ 147

3 命に関わる食物アレルギー⑵事故を未然に防ぐ心がまえ

学校給食による食物アレルギー事故

食物アレルギーのある子どもの割合

　40代，50代のベテラン教師は，「昔は食物アレルギーのある子どもなんて，ほとんどいなかったけど……」と感じているのではないでしょうか。

　食物アレルギーのある子は，昔より増えているのでしょうか？　そもそも，何人ぐらいいるのでしょうか。

　文部科学省が2007年と2013年に，全国の小・中・高等学校で食物アレルギーのり患者（有症者）数を調査した結果があります。

	2007年	2013年
小学校	194,445（2.8％）	210,461（4.5％）
中学校・中等教育学校	88,100（2.6％）	114,404（4.8％）
高等学校	46,878（1.9％）	67,519（4.0％）
合計	329,423（2.6％）	453,962（4.5％）

「『学校生活における健康管理に関する調査』中間報告」
(学校給食における食物アレルギー対応に関する調査研究協力者会議資料，2013年) より

　2007年と2013年のデータしかありませんが，確実に増えていることがわかります。もちろん，この6年の間に食物アレルギーのことが広まり，子どものアレルギーを検査する保護者が増えたこともあるでしょう。

　それにしても，4％というと，25人学級に1人はいるということです。

　ということは，食物アレルギーへの対応をしている学校・調理場・教師もそれだけいるということです。全国で，それだけたくさんの対応をしていれば，中にはミスも起こり，事故につながる事例もあります。

調布市の食物アレルギーによる死亡事故

　2012年12月，調布市の当時小学校5年生の女の子（Sさん）が給食後体調を悪くして救急搬送されましたが，死亡しました。死因は食物アレルギーによるアナフィラキシーの疑いということでした。Sさんがアレルゲンを含む粉チーズが入ったチヂミのおかわりを希望し，担任が食べさせてしまったのです。なぜ，そのようなミスが起こったのでしょうか。検証委員会の報告書には，その要因について次のように記されています。

除去食の提供では，
1　チーフ調理員がSさんに，どの料理が除去食であるかを明確に伝えていなかったこと。
2　おかわりの際に担任が除去食一覧表（担任用）で確認しなかったこと。
3　保護者がSさんに渡した献立表に，除去食であることを示すマーカーが引かれていなかったこと。

緊急時の対応では，
1　担任がエピペン®を打たずに初期対応を誤ったこと。
2　養護教諭が食物アレルギーによるアナフィラキシーであることを考えずに，エピペン®を打たずに初期対応を誤ったこと。

「調布市立学校児童死亡事故検証結果報告書概要版」
（調布市立学校児童死亡事故検証委員会，2013年3月）

　報告書には，「以上の内一つでも実施されていたら，女の子の命を守れたのではないかと考えられる」と記されています。不幸にも，様々なことが重なった結果であることがわかります。それぞれの立場の人間が二度とこのような事故を起こさないために，食物アレルギー事故を未然に防ぐための対策・対応を学ばなければなりません。

3 命に関わる食物アレルギー⑵事故を未然に防ぐ心がまえ

事故につながる
ヒューマン・エラー

食物アレルギーの事故が起こる原因

①初発のアレルギー発症

　それまで，一度も発症したことがなかったのに，子どもの体調などにより突然発症することもあります。運動で誘発される食物依存性運動誘発アナフィラキシーもあるので，午後の体育や運動会の練習で体調をくずす子がいた場合は，その可能性も考えておく必要があります。

②保護者の確認不足

　栄養教諭から渡された加工食品の原料配合表などに記載してある原因食物を保護者が見落とし，除去依頼をしていないこともあります。栄養教諭や担任が「おや？」と思った時には，保護者に確認をしましょう。

③栄養教諭の確認不足

　原料に原因食物が含まれていることを栄養教諭が見落とす場合もあります。担任が気づいた場合は，すぐに栄養教諭へ連絡します。共同調理場の場合は複数の学校へ配送しているので，栄養教諭から各学校へ連絡します。

④担任の確認不足

　調理場や保護者から代替食を受け取った担任が，給食の時にそれを配膳することを忘れ，アレルギーのある子が普通食を受け取ってしまう場合です。

⑤他の子どもへの指導不足

　他の子どもが、アレルギーのある子に普通食を配膳したり、一度お皿に盛りつけたものを気づいてとりのぞいたものの、汁などが付着したまま配膳したりする場合です。隣の子がこぼした牛乳が、乳アレルギーの子の給食に飛び散ることもあります。

⑥本人の判断ミス

　症状が改善しつつある時期に、本人が「大丈夫だろう」と判断して食べる場合です。また、いつもは自分でとりのぞいているのに、その時だけ食べてしまうこともあります。

⑦年度途中に転入した子

　年度途中の転入の場合、まだ除去食の準備などができていない場合があります。特に、転入したその日の給食に原因食物がある場合や、その日が行事の総練習などで慌ただしい日だった場合は危険です。複数の職員で確認するようにします。

⑧複数の食物アレルギーのある子がいる場合

　同じ教室に、複数の食物アレルギーのある子がいて、しかも原因食物が違う場合です。それぞれ、2～3種類の原因食物があると、勘違いをしやすくなります。そのような学級の場合は、日常的に複数の職員の目で確認することができるような配慮が必要です。

「ヒューマン・エラーは起こる」という前提

　①以外はどれも「あってはいけない」のですが、人間のやることですから、ミスはあります。ヒューマン・エラーは起こるという前提に立ち、だからこそ二重三重にチェックするシステムが必要なのです。

3 命に関わる食物アレルギー (2)事故を未然に防ぐ心がまえ

担任が教室で行う食物アレルギーの対応

「忘れてた」ではすまされない

　初めて食物アレルギーのある子を担任すると，何をどう気をつければよいかとまどいます。気をつけることは多々あるのですが，4～5日はそのような習慣が定着しておらず，つい忘れがちになります。しかし，子どもの命に関わることもあるのですから，「忘れてた」ではすみません。
　保護者との連絡・調整や除去食は栄養教諭（学校栄養職員）が担当しますが，担任が教室で行う対応もあります。

日常的に担任が行う食物アレルギー対策

①献立表のチェック

　まずは，当然のことですが，献立表にアレルゲンとなる食物がないかチェックすることです。通常，栄養教諭が保護者と連絡・調整をして，毎月の献立表に印をつけて担任に渡すので，担任はそれをチェックします。机の中に入れると，他の書類にまぎれてすぐに出てこないこともあります。担任自身や給食当番の子が見やすい位置に掲示します。

②他の子への理解の徹底

　4月に食物アレルギーとはどういうことかを他の子へ教え，みんなと同じものを食べられないこと，除去食や代替食を食べることへの理解を徹底させます。
　給食当番には，最初に食物アレルギーのある子の分を配膳させます。
　もしも，うっかりアレルゲンを含む食物を器に盛ってしまった時には，と

りのぞくのではなく，新たな器にかえさせます。食べさえしなければよいのではなく，器にアレルゲンが付着したり，ふれたりしてもいけないことを教えておきましょう。そのようなことがないように，最初にアレルギーのある子の分を盛りつけ，担任がそばで確認するようにします。

③除去食・代替食の盛りつけは担任が行う

調理場から除去食が届けられたり，家庭から代替食を持ってきたりした時には，必ず担任が盛りつけます。養護教諭やサポートティーチャーなどと一緒に，「複数の目」で行うことができれば，より望ましいです。

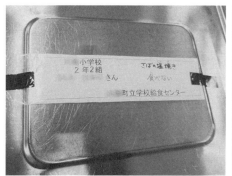

④本人の自覚を高める

給食では，除去食や代替食を用意してもらえたり，担任が声かけをしてくれたりしますが，将来的には，「その子自身」が気をつけることができるようになることが求められます。

教師が「これは食べちゃだめ」「今日はこれ（除去食）を食べてね」と一方的に指示するだけではなく，献立表や現物を見て，自分で食べてよいもの・いけないものを判断させましょう。（学年に応じて）

その子自身が，「自分の身は自分で守っていく」ためには，食物アレルギーについて理解し，実践していく力を身につけることが大切です。

3 命に関わる食物アレルギー(2)事故を未然に防ぐ心がまえ

要注意！ 事故が起こりやすい「こんな時」の対応

「おかわりをする時」の対応

　おかわりは，対応を誤りやすい状況の1つです。教師は，食物アレルギーのある子がアレルゲンを含む食物をおかわりするはずはないと思い込みがちです。しかし，除去食を食べて，もっと食べたいと思った子が，他の子たちがおいしそうにおかわりをする様子を見て，ついおかわりをしようとすることもあるので，見落とさないようにしなければいけません。

「担任が不在の時」の対応

　担任の出張中は，他の職員が給食指導に入ることになります。担任は毎日対応しているので慣れていますが，かわりの職員は不慣れな場合もあります。だれがかわりに入ってもよいように，情報を共有するシステムが必要です。

①引継ファイル

　担任が出張などで不在の日には，授業の予定を記した引継ファイルを作成します。それに，食物アレルギーのある子の有無とその日の対応も記入します。かわりの職員は，そのファイルや教室に掲示されている献立表の印を確認して対応します。

②職員室の掲示

　学校によっては，食物アレルギーの子どもへの対応（「除去食」「代替食」「対応なし」など）を職員室に掲示し，ひと目でわかるようにしているところもあります。出張でなくても，担任の急な体調不良や他の子どもへの対応

のため，急に他の職員がその教室の給食指導に入ることもあるからです。

「学校行事の時」の対応

毎日の給食での対応では気をつけていても，いつもと違う状況での食事では対応の不手際が起こりやすいので要注意です。

①遠足

お弁当のおかずやお菓子の交換は全校的にさせないようにします。

②家庭科の調理実習や学級レクリエーションの会食

食物アレルギーのある子がいる班だけでなく，その学級全体でアレルゲンを含む食物を使わないようにします。事前に，使ってはいけない食物を確認しておきます。他の子どもたちから不満が出ないように，普段から食物アレルギーについての理解を進めておきましょう。

③宿泊行事での食事

宿泊行事の前には，次のような対応をしている学校が多いでしょう。
・事前に保護者に食物アレルギーの調査票に記入してもらい，それを宿泊先（または弁当を発注する施設・店舗など）に渡す
・宿泊先に食事の献立・成分表を送ってもらい，それを保護者に見せてチェックしてもらう

ところが，それでも，使ってはいけない食物が食事に出されていることがあります。当日，再度，宿泊先や施設・店舗側への確認をしたり，実際の食物を見て確認したりすることが大切です。

なお，最近多いバイキング形式の場合は，大皿ごとに成分表を貼ってもらうなどの対応をしてもらうとともに，他の食品をとった箸やトングで別の食品をとらないなど，子どもたちへの指導も必要です。

（辻川　和彦）

あとがき

　ある年の家庭訪問で，給食の時間にごはん茶碗を持って食べるように指導していることを話していると，母親が申し訳なさそうにこう言いました。
「家庭でもそうさせたいのですが，主人も，主人のお母さんもごはん茶碗を持たずに食べているので，その場で言いにくいのです……」
　そのような状況では母親が言いにくい気持ちもよくわかります。いろいろな家庭がありますが，家庭の食習慣は子どもの食習慣に直接影響します。せめて，給食の時だけでもと思って声をかけ続けましたが，給食だけでは限界もあるなあと思ったものです。

　一方，かつて担任していた男の子の妹を担任した時のことです。
　4月の始業式が過ぎて数日後，初めて宿題に日記を課しました。
　その子の日記には，次のように書いてありました。
「(前略)『(給食では)ごはん1つぶ残さず食べるんだよ』とお母さんに言ったら，それを聞いてた兄が『今では，身についた』と言ったので，私も身につけたいです。この1年間，よろしくお願いします」
　3年ほど前に担任していたその子のお兄さんが，当時の給食指導を忘れず，ごはんつぶを残さず食べる習慣が身についているというのです。1週間で21回の食事のうち，たった5回しかない給食ですが，子どもの食習慣に影響を与えることもできるのです。

　1週間に5回と思えば給食指導には限界もありますが，年間約200回も給食指導ができると考えると，その可能性は大きいと言えます。
　家庭の協力があればなお効果的ですが，給食の時間だけでも根気強く指導することで，少しでも食習慣を改善することはできるのです。

給食には，学校によって栄養教諭や給食主任，保健主事，養護教諭など多くの方が関わっていますが，本書はあくまでも学級担任の給食指導を中心にまとめています。

　ひと口に学校給食と言っても，自校方式・親子方式・センター方式・デリバリー方式などの様々な方式があります。また，地域ごとに独自の献立があったり，学校規模によって運搬のやり方が違ったりします。

　ですから，給食指導は地域や学校によって微妙に違っていることもあるのですが，できるだけどの学校でも共通している部分を取り上げています。

　また，給食当番やマナー面ばかりでなく，担任は給食中の事故にも気を配らなければなりません。しかし，給食中の事故について校内研修でふれている学校は多くありません。食物アレルギーのある子どもがいる学校では，その対応などを研修で学ぶことはありますが，食物アレルギーのある子どもがいない学校ではそのような研修があとまわしになることもあります。

　そこで，本書では給食中の事故，特に食物アレルギーについても基礎的なことに絞って取り上げました。

　なお，本書は全国の先生方にも協力していただき，給食指導の工夫やアイデアを執筆していただきました。快く引き受けていただいた先生方，また，このような企画を提案し，私に編集の機会を与えていただいた明治図書の茅野現氏に，深く感謝を申し上げます。

2018年10月8日
辻川　和彦

【執筆者紹介】（執筆順）

辻川　和彦　　長崎県川棚町立川棚小学校
猪飼　博子　　愛知県あま市立甚目寺南小学校
広山　隆行　　島根県松江市立大庭小学校
笹原　信二　　熊本県熊本市立龍田小学校
高本　英樹　　岡山県美作市立美作北小学校
小倉美佐枝　　佐賀県唐津市立長松小学校
古橋　功嗣　　愛知県刈谷市立東刈谷小学校
西田　智行　　山口県下関市立滝部小学校

【編著者紹介】

辻川　和彦（つじかわ　かずひこ）
1968年長崎県生まれ。島根大学教育学部卒業。1995年から教職に就く。現在，長崎県内の小学校に勤務。「佐世保教育サークル」に所属。「道徳のチカラ」の機関誌『道徳のチカラ』編集長。
〈編著〉『現場発！失敗しないいじめ対応の基礎・基本』（日本標準）

給食指導　完ペキマニュアル

2019年２月初版第１刷刊　Ⓒ編著者	辻　川　和　彦
発行者	藤　原　光　政
発行所	明治図書出版株式会社
	http://www.meijitosho.co.jp
	（企画）茅野　現　（校正）嵯峨裕子
〒114-0023	東京都北区滝野川7-46-1
振替00160-5-151318	電話03(5907)6701
	ご注文窓口　電話03(5907)6668

＊検印省略　　　組版所　中　央　美　版

本書の無断コピーは，著作権・出版権にふれます。ご注意ください。

Printed in Japan　　　ISBN978-4-18-287514-4
もれなくクーポンがもらえる！読者アンケートはこちらから →

小学校学年別

365日の学級経営・授業づくり大事典

6巻シリーズ

釼持 勉 監修

1年・1801　4年・1804
2年・1802　5年・1805
3年・1803　6年・1806

B5判・各2,800円+税

必ず成功する！
1章　学級開きのポイント
2章　授業開きのポイント
3章　月別学級経営のポイント
4章　教科別学習指導のポイント

小学校学級担任の仕事のすべてが分かる！
学級開きから修了式まで、学級経営に関する全仕事を網羅しました。また、授業開きのポイントや各教科のおすすめ授業など、授業づくりのアイデアも盛りだくさん！巻末にはコピーしてすぐ使えるテンプレート教材集も収録。365日手放せない1冊です！

明治図書　携帯・スマートフォンからは　明治図書ONLINEへ　書籍の検索、注文ができます。
http://www.meijitosho.co.jp　＊併記4桁の図書番号（英字）でHP、携帯での検索・注文が簡単に行えます。
〒114-0023　東京都北区滝野川7-46-1　ご注文窓口　TEL 03-5907-6668　FAX 050-3156-2790